ケアマネ実務Q&A

ケアマネジメント
プロセスから
給付管理まで

監修
一般社団法人
神奈川県介護支援専門員協会

スキル
面接力

スキル
質問力

スキル
分析力

ルール
運営基準

ルール
人員基準

ルール
算定基準

定　義

記　載

BEST!
最適解

連　携

考え方

中央法規

　平成12年に介護保険制度が開始され、20年余りが過ぎました。この間、介護保険制度はたび重なる制度改正を経て、複雑化し、算定要件の解釈が難しい加算なども多くなってきています。それでも制度改正のたびに利用者に寄り添い、わかりやすく伝えて、介護保険制度を世間に浸透させてきたのは、この制度の中核を担ってきた、私たち介護支援専門員だと胸を張って言えるのではないでしょうか。それくらい、私たち介護支援専門員は、制度改正のたびに研修会などを通じて一生懸命学んできた自負があります。

　しかしながら、最近では、運営基準の遵守に気を取られるあまり、本来行わなければいけない利用者のためのケアマネジメントができていないのではないか、という懸念もあり、そうした状況を変えるためにICTやAIを効果的に活用して、効率よく業務を行いながら、利用者や多職種協働のために使う時間を多くしていくことが求められています。基本的な法令は押さえつつも、今後求められていくのは、「利用者の個別性」を明確にしていくマネジメントスキルの強化だと考えています。この部分は、いくらAIが発達しても真似できない、専門職である介護支援専門員にしかできないことです。

　本書『ケアマネ実務Q&A──ケアマネジメントプロセスから給付管理まで』はそんな多忙で新しいことを次々に求められる介護支援専門員の仲間たちの業務に少しでも役立てていただこうと企画されました。日頃の業務のなかで、「あれ？　これってどうするの？」と思ったときや、「今さらこんな初歩的なことを、誰にも聞けないなぁ……」と感じたときに、気軽に手に取って調べることができるように構成されています。ケアマネジメントプロセスはもちろん、給付管理や記録業務、さらに令和3年度の介護報酬改定Q&Aも掲載しました。手元にこの1冊があれば、きっとお役に立つことがで

きると思います。

　今、介護支援専門員は試練の時期にあると思います。その理由は、皆さんも感じていることだと思いますが、近年の介護支援専門員実務研修受講試験の受験者数が激減していることです。平成10年度の第1回には、20万人の受験者（約9万人の合格者）がいたのに対し、令和2年度には、5万人弱の受験者（合格者は8200人）でした。同じ専門職の試験結果とは考えられないほどの激減です。さらに、介護支援専門員の平均年齢もこの10年で5歳ほど上昇しました。このままいけば、介護支援専門員の数が足らなくなり、介護保険制度そのものの継続が危ぶまれてくるでしょう。

　また令和元年末に始まった新型コロナウイルスの流行によって、今まで当たり前に行っていた対面での会話や面接、会議室等に集まって行う会議や研修等ができない日々が続いています。そうしたなかで、時差出勤やテレワークの導入など、私たちの働き方もずいぶん変わってきています。人にリアルで会う機会の減少は、困り事を気軽に尋ねたり、意見交換をする場の減少につながります。人が減り、学習する場も減少している今だからこそ、本書が困っている介護支援専門員に少しでも役立ててもらえるのであれば、これに勝る喜びはありません。

　本書を編集した一般社団法人神奈川県介護支援専門員協会は、県内の介護支援専門員が会員となっている職能団体です。協会では、介護支援専門員に対しての研修開催や制度改正に対しての調査研究や提言を行ったり、こうした出版物等を通して、介護支援専門員の皆さんの資質向上や日頃の業務に役立つことができるように活動を

してきました。

　今現在、介護支援専門員として活躍されている方が、これからも
バーンアウトせず、この仕事に誇りをもって楽しく業務を行えるよ
う支援していくとともに、介護支援専門員の魅力を発信していきた
いと思っています。

　本書はこうした思いを共有した協会のメンバーが中心となって執
筆しています。最後になりますが、お忙しい業務のなかでご執筆い
ただき、本当にありがとうございました。また、本書の制作にあた
り、Q&Aの質問部分を提供してくださった皆さん、編集協力して
いただいた協会相談役の阿部充宏氏、中央法規出版編集担当の中村
強氏に感謝申し上げます。

令和3年5月

一般社団法人神奈川県介護支援専門員協会
理事長　青地千晴

はじめに

第1章 ケアマネジメントプロセス編

目次

第2章 ケアマネジメント実務編

本書で使用しているアイコン

本書では、QAの内容を下記の11分野に分類している。それぞれのQAの分野は、本文中のQAにアイコンを付して示している。

▼アイコンの種類

スキル面接力…面接技術に関する内容

スキル質問力…聞く（聴く）技術に関する内容

スキル分析力…ニーズ分析などに関する内容

ルール運営基準

ルール人員基準

ルール算定基準

定　義…………言葉の意味や定義など

記　載…………記録様式への記載内容について

最適解…………今のところ、ベストな選択

連　携…………多職種連携関連

考え方…………こう考えてみてはどうかという提案

第1章

ケアマネジメント
プロセス編

1 インターク

Q 1 　**初回訪問でやるべきこと**

初回訪問で契約もアセスメントもやろうとすると
時間がかかり過ぎてしまうので、
ポイントを教えてほしい。

 初回訪問ですべてを把握しようと思わない。

　初回訪問（面接）の前に、受付面接あるいはインターク面接といわれる段階があります。ここで、利用者の基本情報や利用者家族の要望を聞き取ります。この段階で得られる情報は少ないですが、それでも、今後の支援の大まかな方向性はみえるものです。その方向性を踏まえて、社会資源の資料や空き情報の聞き取り等の準備ができます。さらに、ケアマネジャーの役割や介護保険制度についてわかりやすく説明しておくと、初回訪問への導入になります。

　また、初回訪問の約束を取り付ける際には、目的や所要時間、<u>**準備しておいてほしいもの**</u>（印鑑や保険証、お薬手帳や身体障害者手帳等）、<u>**当日見せてほしい場所**</u>（トイレや浴室、寝室等）等をあらかじめ伝えましょう。利用者や家族に準備をしていただくことで、スムーズに進められます。

　そのうえで、初回訪問では、契約もアセスメントもすべてのことをたった1回きりの面接で済ませようと思わないことです。

　アセスメントに関しては、事業所で使用しているアセスメントシートを上から一つひとつ聞き取り記入していくのではなく、利用者・家族とのやりとりのなかから適宜抽出し、適切な記入欄に記載していけば重複せずに済みます。

なお、介護保険法で定められている課題分析標準項目（→Q9（p. 9参照））で聞き取ることは、「最低限ここまでは必須」とされているものです。重要なことは、利用者の主訴を手がかりとして、その内容を理解し、課題を整理していくことです。まずは**受容的態度**で、利用者の主訴を**傾聴**することを心がけましょう。

契約についても、状況に応じて工夫をしましょう。例えば、初回訪問では重要事項について重点的に説明し、その他は簡単な説明にとどめます。後日改めて目を通していただき、一緒に確認しながら同意をしていただくなどの方法があります。

Q2 耳が遠い利用者への対応
耳が遠くて電話がうまく通じない利用者へのアポイント方法は？

A 電話以外の手段や道具の活用を考える。

私たちの支援対象者は高齢者が中心となります。そのため、連絡手段についても幅広い対応が求められます。電話以外の手段として、まず「FAX」「郵便」「メール」などが基本的な対応です。また、最近ではスマートフォンやパソコンのアプリケーションを使ったやりとりも珍しくありません。個人情報の取り扱いも含め、コミュニケーションツールについて、事業所内で検討する必要があります。

インテーク後の定期訪問においても、連絡手段は考えなければなりません。聴覚障害ということであれば、「補聴器」「骨伝導電話」「音量調整付電話」といった道具で解決することもあります。言った・言わないを避けるためにも、うまく伝わらないと感じた場合には、訪問時に話した内容を紙面に残す、といったやりとりがトラブルを避けることにもなります。

相手の能力や理解度に応じた手段を検討していきましょう。

スキル
面接力

スキル
質問力

スキル
分析力

ルール
運営基準

ルール
人員基準

ルール
算定基準

定　義

記　載

最適解

連　携

考え方

Q3 説明中に本人、家族が飽きてしまうとき

重要事項などを説明している際に、
本人や家族が飽きてしまうときがあるが、
どうしたらよいか？

A ポイントを絞った説明を心がける。

　最初から最後まで、ただダラダラと説明するのでは、聞く側は飽きてしまいます。重要なポイントを絞って説明し、細かい部分は、後からよく読んでいただき、後日不明な点はなかったか、記入していただいたものを見ながら確認していくとよいでしょう。ポイントを絞る際には、必ず説明が必要な部分がどこなのか、事業所内で共有しておきます。

　署名などの同意欄については、事前に**鉛筆で印を付けたり、付箋を貼っておく**等、短時間で説明が済むように工夫をしましょう。署名の回数が多いと、さらに時間がかかってしまうので、その際には、当日は説明だけにして、後日書類をいただいたり、場合によっては郵送で返却してもらうのも、一つの方法です。また、本人の体調によっては、途中で疲れてしまう場合もありますので、その際には、**後日改めて行う**ようにする等配慮をしましょう。

Q4 利用者・家族の理解の様子

介護保険についての説明の際、利用者や家族に
理解できない様子があったりする場合、
どこまで伝えればよいのか？

A 利用者・家族の理解度を確認しながら、
丁寧に話を進める。

　ケアマネジャーはインテークにおいて、介護保険制度の理解促進のための**説明責任**を負っています。できる限り「理解を得ていただくための説明」が必要となります。

　まずは、介護保険制度は単にサービスを利用することが目的ではないことをインテークで理解してもらいたいところです。介護保険

法※をわかりやすく引用し「利用者・家族が主体であり、利用者の
もつ能力に応じた自立に向けて介護保険制度を活用する」という意
識をもってもらえるように説明しましょう。それを踏まえて具体的
な制度の説明は行政等が用意している見やすくてわかりやすいパン
フレット等を活用します。

　インテークでは利用者・家族が「理解できない様子」をケアマネ
ジャーが「理解すること」がとても大切です。理解しづらい点は質
問を受けることも必要です。その際、その場でわかりやすく回答で
きないもの、説明しにくいものであれば、いつまでに返答するのか
を伝え、あやふやな回答はせずにもち帰ってから理解度にあわせた
説明を検討します。ケアマネジャーが理解している内容でも初めて
説明を聞く利用者・家族にとっては理解しにくい言葉がたくさんあ
ります。一方通行の説明にならないよう、利用者・家族が理解して
いるかどうかのサインを受け取りながら進めていきましょう。

※　介護保険法（平成9年法律第123号）第1条・第2条・第4条

Q5 ┃ **利用者や家族との会話が続かないとき**

利用者や家族との会話が続かないとき、何でも
ケアマネジャーに任せると答えるときなど、
どうすればよいか？

A 　面接技術の向上が第一。傾聴、共感から始める。

　インテーク（初回面接）では相談援助専門職として特に面接技術
を駆使することを意識しましょう。ケアマネジャーはどのプロセス
においても面接技術は不可欠ですが、インテークの場面で活用でき
るか否かにより、これ以降、**利用者本位のケアマネジメント展開**と
なるかどうかの分かれ目となります。面接技術の専門書なども参考
にしながら※、面接でのコミュニケーション技術を展開できるよう
心がけます。

　インテークにおいて、利用者・家族は少なからず困りごとを抱え、
さまざまな喪失感に苛まれて面接に臨んでいます。まずはその心情
を受け止め理解し「つらかったですね」「頑張られましたね」という

スキル
面接力

スキル
質問力

スキル
分析力

ルール
運営基準

ルール
人員基準

ルール
算定基準

定　義

記　載

BEST!
最適解

連　携

考え方

ような労いの言葉により、利用者・家族を認め、何よりもまず話しやすい雰囲気を意識してつくる必要があります。

また「ケアマネジャーに何でも任せる」という言葉に潜んでいるメッセージをその声のトーン・表情・視線などから感じ取ることも大切です。疲労感からなのか、話すこと自体の拒否なのか、また、自分自身も無意識に「任せてください」という態度を醸し出していないかなどを検証します。ケアマネジャーの役割自体がうまく伝わっていないのかもしれません。

インテークの段階ではケアマネジャーに任せることが利用者・家族にとって一番簡単な方法です。しかし、利用者・家族の強みや能力を探しながら、自ら言葉を発する機会をつくり出す工夫は必要であり、それが利用者主体の原点となります。**傾聴と共感から始めましょう。**

※　岩間伸之『対人援助のための相談面接技術——逐語で学ぶ21の技法』中央法規出版、2008.

タイミングよく話題を変えたい

Q6 話の内容が関係ないことに逸れた際、話題を元に戻すには、どうすればよいか？

A 面接技術を駆使して、展開をコントロールする。

面接の目的を達成するためには、面接をコントロールすることが必要です。時間的制約があるなかで、目的から離れた話題を聞いているだけでは、利用者のための面接にはなりません。面接技術の専門書※を参考にし、面接でのコミュニケーション技術を展開できるよう心がけましょう。

【話題を修正する技術】

① 元の話題に戻す

　「お話の内容が見えにくくなってしまいましたので、少し前にお話を戻してもいいですか？」

② 話題を変える

　「とても興味深いお話ですが、もしよければ、後ほど聞かせていただけますか？　今は○○についてお話を伺いたいのですが、よ

ろしいですか?」

③ 話題を限定する

「そのお話の○○のことについて、もう少し詳しく話していただけますか?」

※ 岩間伸之『対人援助のための相談面接技術——逐語で学ぶ21の技法』中央法規出版、2008.

Q7 サービスを拒否する利用者への対応

生活保護受給者でなくお金に余裕がない利用者で、必要なサービスの利用を拒んだり、施設への入所も難しい場合、どうすればよいか?

 利用者の命と暮らしを守る、最低限のコストから考慮して提案していく。

利用者のなかには、収入面などの要因でぎりぎり生活保護を受給できず、金銭的に逼迫されている方もいます。経済的な課題を抱える利用者に対しては、生活を支えるうえで必要最低限のサービス提供等をプランニングし、時にはサービス事業所を一緒に見学するなど、メリット面での提案を促す必要があります。また、あわせて**各種制度の活用**(境界層措置や社会福祉法人の減免制度など)や、**インフォーマルサービス**での支援を検討していきましょう。そうした社会資源の情報が乏しい場合は、事業所内で情報交換したり、地域包括支援センターの社会福祉士等に、経済的な支援についての相談をしてみるなど、地域のなかで減免を行っている施設の情報を集めたり、親族や民生委員にどこまで協力してもらえるのか、さまざまな社会資源を視野に入れたアセスメントを行うようにします。

 スキル 面接力

 スキル 質問力

 スキル 分析力

 ルール 運営基準

 ルール 人員基準

 ルール 算定基準

 定義

 記載

 BEST! 最適解

 連携

考え方

2 アセスメント

Q8 事前情報とアセスメント　BEST!
施設や病院からの事前情報で
アセスメントを行ってもよいか?

A 原則としてアセスメントは居宅の訪問が必要。

施設や病院からの事前情報で基本的な情報を得ることは可能ですが、居住環境や利用者・家族の意向を正確に捉えることはできません。アセスメントとはシートを埋めることではなく、情報収集から課題分析の一連の流れのことです。

運営基準において、「アセスメントは利用者が入院中であることなど物理的な理由がある場合を除き必ず利用者の居宅を訪問し、利用者及びその家族に面接して行わなければならない」と定めています※1・2。原則として、アセスメントは居宅を訪問して行うものだと考えましょう。

なお、令和3年5月現在、コロナ禍により退院・退所前に本人と面談ができない場合も多くみられます。施設や病院からの事前情報だけで退院・退所時のプラン作成を余儀なくされることもありますが、可能であれば、なるべく事前に面談しアセスメントすることも必要でしょう。また、家族と居宅での面談が可能であれば、事前に行うなどの対応をしたうえで、後日、自宅に戻られてから、改めてアセスメントを行っていきましょう。

※1　指定居宅介護支援等の事業の人員及び運営に関する基準（平成11年厚生省令第38号）第13条第7号
※2　指定居宅介護支援等の事業の人員及び運営に関する基準について（平成11年老企第22号）第二の3(8)⑦

Q9 情報収集の決まり事

情報収集で、最低限聞き取る必要のある内容は？

A 基本項目（23項目）は必ず聞き取る。

　最低限聞き取らなければならない基本項目が定められています※。具体的には、23項目（**表1-1・表1-2**参照）あり、この23項目の情報収集が記録に残っていないと、運営基準減算となるので、注意してください。

※ 介護サービス計画書の様式及び課題分析標準項目の提示について（平成11年老企第29号）

表1-1　基本情報に関する項目

①基本情報（受付、利用者等基本情報）	居宅サービス計画作成についての利用者受付情報（受付日時、受付対応者、受付方法等）、利用者の基本情報（氏名、性別、住所、電話番号等の連絡先）、利用者以外の家族等の基本情報について記載する項目
②生活状況	利用者の現在の生活状況、生活歴等について記載する項目
③利用者の被保険者情報	利用者の被保険者情報（介護保険、医療保険、生活保護、身体障害者手帳の有無等）について記載する項目
④現在利用しているサービスの状況	介護保険給付の内外を問わず、利用者が現在受けているサービスの状況について記載する項目
⑤障害高齢者の日常生活自立度	障害高齢者の日常生活自立度について記載する項目
⑥認知症高齢者の日常生活自立度	認知症高齢者の日常生活自立度について記載する項目
⑦主訴	利用者およびその家族の主訴や要望について記載する項目
⑧認定情報	利用者の認定結果（要介護状態区分、審査会の意見、支給限度額等）について記載する項目
⑨課題分析（アセスメント）理由	当該課題分析（アセスメント）の理由（初回、定期、退院退所時等）について記載する項目

スキル
面接力

スキル
質問力

スキル
分析力

ルール
運営基準

ルール
人員基準

ルール
算定基準

定義

記載

BEST!
最適解

連携

考え方

表1-2　課題分析（アセスメント）に関する項目

⑩健康状態	利用者の健康状態（既往歴、主傷病、症状、痛み等）について記載する項目
⑪ADL（日常生活動作）	ADL（寝返り、起き上がり、移乗、歩行、着衣、入浴、排泄等）に関する項目
⑫IADL（手段的日常生活動作）	IADL（調理、掃除、買物、金銭管理、服薬状況等）に関する項目
⑬認知	日常の意思決定を行うための認知能力の程度に関する項目
⑭コミュニケーション能力	意思の伝達、視力、聴力等のコミュニケーションに関する項目
⑮社会との関わり	社会との関わり（社会的活動への参加意欲、社会との関わりの変化、喪失感や孤独感等）に関する項目
⑯排尿・排便	失禁の状況、排尿排泄後の後始末、コントロール方法、頻度などに関する項目
⑰褥瘡・皮膚の問題	褥瘡の程度、皮膚の清潔状況等に関する項目
⑱口腔衛生	歯・口腔内の状態や口腔衛生に関する項目
⑲食事摂取	食事摂取（栄養、食事回数、水分量等）に関する項目
⑳問題行動	問題行動（暴言暴行、徘徊、介護の抵抗、収集癖、火の不始末、不潔行為、異食行動等）に関する項目
㉑介護力	利用者の介護力（介護者の有無、介護者の介護意思、介護負担、主な介護者に関する情報等）に関する項目
㉒居住環境	住宅改修の必要性、危険箇所等の現在の居住環境について記載する項目
㉓特別な状況	特別な状況（虐待、ターミナルケア等）に関する項目

2

アセスメント

第1章　ケアマネジメントプロセス編

Q10 情報収集とアセスメントの違い

情報収集とアセスメントの違いは？

スキル
面接力

A アセスメントは専門家として
ニーズを抽出すること。

「情報収集」は、単純に利用者・家族から聞いた内容です。課題分析標準項目23項目を、シートに記入しただけの状態が「情報収集」です。「アセスメント」は、その収集した情報をつなぎ合わせ、ケアマネジャーが専門職として、**判断・分析した内容**が「アセスメント」です。例えば、「寝たきりで、自力では動けない」「食事が摂れていない」「おむつに排泄している」「お風呂に入っていない」「痩せている」等が、情報収集では一見それぞれがばらばらの情報ですが、これらの情報があれば、このままだと「褥瘡ができてしまう」という予後予測が立ち、「褥瘡を予防する必要がある」というニーズ（課題）につながるような分析までするのが、アセスメントということになります。

スキル
質問力

スキル
分析力

ルール
運営基準

ルール
人員基準

ルール
算定基準

定　義

記　載

図1-1 情報からニーズを分析する

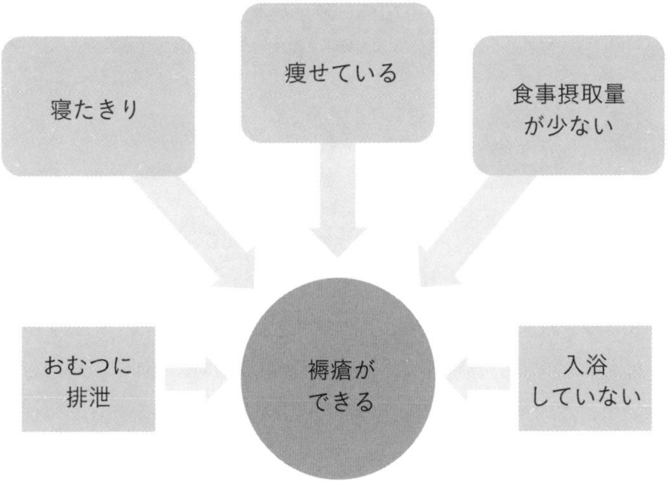

寝たきり

痩せている

食事摂取量
が少ない

おむつに
排泄

褥瘡が
できる

入浴
していない

BEST!
最適解

連　携

考え方

課題整理総括表の作成

課題整理総括表は必ず作成しなければいけないか？

A 令和3年5月現在、作成していなくても法令違反にはならない。

　しかしながら近年は、法定研修において課題整理総括表が活用されており、ケアプラン点検事業や地域ケア会議等の際にも、課題整理総括表の提出を求める保険者が増えているようです。担当者会議や地域ケア会議でも、**ケアプランの根拠や利用者の状態の説明**にも活用でき、また、居宅サービス計画書（第1表）の「利用者及び家族の生活に対する意向」が「利用者及び家族の生活に対する意向を踏まえた課題分析の結果」に改定されたことを踏まえ（→Q219（p.161参照））、できるだけ活用するとよいでしょう。作成するタイミングとしては、アセスメントが終わって、ケアプランの第1表～第3表を作成する前になります。

アセスメント表の空欄は？

Q12 病状や身体状況で聞けない内容がある場合、アセスメント表は空欄でも大丈夫なのか？

A 信頼関係を構築しながら、状況を継続把握していく。

　聞けない理由は何でしょうか。時間的な制約があったのか、聞きにくい雰囲気があったのでしょうか。長時間の面接は、利用者・家族にとっても大きな負担となります。時間的な制約がある場合には、一度にすべての項目を埋めようとせず、複数回に分けて把握するようにしましょう。一般的に、病状や身体状況は生活課題に直結しやすい項目といえます。複数回の面接を経ても未記入であるというのは不自然です。ケアマネジャーはサービスを調整することが役割ではなく、利用者・家族の力を確認・把握したうえで、**ともに生活課題の解決を図っていくことが役割**となります。利用者・家族が主体となって話してもらえるように、「なぜその質問をするのか」を丁寧

2

アセスメント

に説明しながら、信頼関係を構築していきましょう。理由を問わず、面接で把握できなかった項目については、なぜ把握できなかったのかをアセスメント表や支援経過に記載しておくと、客観的にもわかりやすくなります。

アセスメント表の中にある課題分析標準項目23項目は、空欄がないように必ず聞き取る必要があります（→Q9（p. 9参照））。

Q13 アセスメントでどこまで踏み込むか
家族関係（介護力）などどこまで踏み込んで聞いてよいのか？

 聞くべきことを聞いて、利用者の最善を目指すことを主眼に。

アセスメントは、利用者の人となりを理解することが原点です（利用者理解）。そして現在の利用者の人となりは家族とともに過ごした長い歴史により形づくられています。だからこそ、家族のことを知ることはとても重要なアセスメントの要素となります。家族とともに歩んできたさまざまな出来事はそれぞれに固有のものであり、その歴史と環境が異なれば、これからのアプローチの方法・支援の方法も変わることを、まずは認識しましょう。

また、家族は利用者にとって最も身近な社会資源であり「絆」という目に見えない力においては利用者の心理的側面を支える、ほかに代替できない大事なインフォーマルな支援です。だからこそ、利用者に固有な支援内容を検討するために、家族の年齢・居住地・健康状態そして家族関係をアセスメントすることでインフォーマルな支援としての家族の介護力を推し測ることができます。

「踏み込む」という捉え方ではなく、それを聞くことで利用者の困り事に対し、ケアマネジャーとして**最良**で**適切な解決方法**を考えることができるという姿勢でアセスメントに臨んでみましょう。場合によっては、その理由を表明していく必要があるかもしれません。

聞きづらい関係性を聞くときはジェノグラムを活用するのも一つの方法です。ジェノグラムを一緒に描きながら、ほかの家族情報を聞き取りつつ、会話の流れのなかだと聞きやすくなります。

スキル
面接力

スキル
質問力

スキル
分析力

ルール
運営基準

ルール
人員基準

ルール
算定基準

定　義

記　載

BEST!
最適解

連　携

考え方

Q14 金銭的な問題の聞き方

金銭的な援助などの問題はどのように聞けばよいのか？

A 負担割合に基づいた基本的な費用の説明から始める。

介護保険制度において、サービスを利用するには自己負担分が発生することを最初に伝える必要があります。また、金銭的な問題によって、利用者の課題の解決方法は大きく異なってきます。

まず、ケアマネジャーの役割を再度理解していただき「何のために金銭的なことを聞くのか」という目的・理由を利用者に説明し、利用者自身が考えている生活の意向に近づくためにはとても重要なことであると納得してもらう必要があります。そのうえで、突然「お金の話ですが」と切り出すのではなく、例えば健康状態の話から医療費・入院費の経済的負担感、家屋の環境状況の聞き取りから家賃の話、食事内容の会話から食費の話など**会話の流れのなかでお金の話を切り出し、情報が聞き取れるよう工夫**します。

また、利用者の収入に関しては「負担割合証」の記載からおおよその金額は予測可能ですが、その確認を行いながら、場合によっては年金額が聞ける機会にもなります。

金銭的な情報は時間が経過すると聞きづらくなるため、比較的初期のアセスメントの段階で利用者と真摯に向き合いながら聞いていきましょう。ただし、一度ですべてを聞こうと焦ることは禁物です。

その後、ケアプラン原案の説明段階で自己負担分の額を伝え、1か月の支払いが可能であるのかを確認します。利用者の言葉以外の観察（表情や身振りなど）もしましょう。また、家族に支援を求めることができるのかもこのタイミングで確かめておく必要があります。そのためにも家族の関係性をあらかじめアセスメントしておくことは大切です。お金の問題は、他人には伝えたくないことであり、とても繊細な情報でもあるので、守秘義務に関しても必ず伝えるようにしましょう。

第1章　ケアマネジメントプロセス編

2 アセスメント

014

Q15

話がズレてしまったら

相手が話したい内容とこちらが知りたい内容に
ズレがある場合、どうすればよいのか?

A アセスメントとして必要な情報を優先し、
ほかは次回聞かせてもらう旨を伝える。

ただし、アセスメントには利用者の「力」を探すことも含まれます。

利用者・家族の語りを「力」だと捉え、話したいこと、伝えたいと思っていることに耳を傾けることも大切です。あくまでもアセスメントはケアマネジャーがイニシアティブ(主導権)を取るのではなく、利用者・家族が主体となって進めることが基本です。

また、無理に切り返したりはせず、利用者・家族の話したい内容からケアマネジャーの知りたい情報へとつなぎつつ、関連した質問を重ねていく「コミュニケーション」が大切です。そうすることで「私の話を聞いてくれている」という信頼関係も構築していくことができます。時間の制限があるときは、事前情報から「既に得られている情報」とそれ以外で「インテークで聞くべき必要な情報」を仕分けておく「準備」も必要です。

また、利用者・家族が話に夢中になり、どうしても焦点がズレてしまう場合は「そのお話は次の機会におうかがいいたします」と利用者・家族の話したい気持ちを分断しないように配慮し、聞く機会を担保したうえで、話を戻していきましょう。

Q16

利用者の意向の確認

利用者の意向がうまく引き出せないのですが、
どのように聞き取りを行えばよいのか?

A まずは何か困っていることはないかを聞いてみる。

いきなり「あなたのこれからの生活の意向は何ですか?」と問われて、明確な言葉で答えることは難しいものです。まずアセスメントの情報収集において、これまでの利用者の生活歴の情報を聞き取

スキル
面接力

スキル
質問力

スキル
分析力

ルール
運営基準

ルール
人員基準

ルール
算定基準

定義

記載

BEST!
最適解

連携

考え方

り、家族のなかでどのような役割を担っていたのか、どのような仕事をしていたのか、地域ではどのような役割やかかわりをもっていたのか、好きなこと、趣味の話、友人の話等を傾聴していきます。そのなかで、利用者の「こうしたい」という思いのきっかけとなる言葉と表情を探します。そこから「今は、どのように思われていますか？」というオープンクエスチョンと「このように思われているのですね？」というクローズドクエスチョンを状況に応じ使い分けていきます。ただ、何らかの要因のために、現状はできなくなっていることや失ったものに関しての話をしている利用者・家族の感情は受容する姿勢が大切です。

なかには、認知症や失語症で表出が困難な利用者もいます。焦らずに利用者のペースに合わせたり、ジェスチャーを活用したり、家族とともに利用者の生活歴のなかから聞き取る等の工夫も必要です。

意向がどうしても引き出せない場合、**まずは「困り事」の確認**をします。困っていることは現在直面している問題であり、その困り事をどうにかしたいと思っているはずです。「今、生活のなかで困っていることは何ですか？」という問いかけをきっかけに会話を深め「でも私はこうしたい」という言葉につなげていくのも一つの方法です。

Q17 認知症の利用者の意向確認 ！

アセスメントの際、利用者が認知症であれば、利用者の意向の確認はしないで、家族からだけ情報収集すればいいか？

 家族だけではなく、利用者の思いを汲み取る。

認知症であっても、利用者の意向確認は大切です。利用者の言葉は、認知症になっても利用者が「大切にしていること」「忘れたくないこと」等が含まれている可能性があります。また、利用者と家族の意向が違っている場合は、なぜ違っているのかを確認しながらアセスメントすることも大切です。

利用者を目の前にしながら、利用者を無視して家族とばかり話し

ていては、家族とは信頼関係が築くことができても、利用者との信頼関係は築けません。それどころか「家族の味方ばかりしている」と思われて敵対してしまうかもしれません。認知症で話の内容は理解できなくても、「自分のことを話している」ということは伝わります。「今は、この話をしていますよ」と、その都度利用者にもわかりやすく声かけして確認したり、相づちを打ったりなど、できるだけ、利用者が孤立したり不機嫌にならないような面接を心がけてください。そうやって信頼関係を築くことができて、ようやく利用者が「どうしたいか」「どうすれば、精神的に安定するのか」などがわかるようになっていきます。

　また、利用者の生活歴や職業歴などの過去や本人の発する言葉、行動（同じ言葉を繰り返したり、同じ行動をするなど）の意味を推論し、その方の価値観や思いを汲み取ることが大切です。**センター方式**や**紐解きシート**、**認知症アセスメント DASC-21**、日本作業療法士協会の**DCA 認知症アセスメント Ver 4（2020）**など、認知症の利用者向けのアセスメントツールを活用していくのもよいでしょう。

スキル
面接力

スキル
質問力

スキル
分析力

ルール
運営基準

ルール
人員基準

ルール
算定基準

定　義

記　載

BEST!
最適解

連　携

考え方

Q18　アセスメント様式の選択
アセスメントの様式がいろいろあるため何を選べばよいか困る。

A　自身の専門性にあわせ、アセスメントツールを選ぶ。

　アセスメントは「介護支援専門員の個人的な考え方や手法のみによって行われてはならず、利用者の課題を客観的に抽出するための手法として合理的なものと認められる適切な方法を用いなければならない」[1]とされています。さらにこの方法については、厚生労働省より「個別の課題分析手法について「本標準課題分析項目」を具備することをもって、それに代えることとするものである」[2]という通知が出されています。また、アセスメント表については、専門職団体や事業所独自で作成したものなど、さまざまな様式が使用されていますが、原則として課題分析標準項目（23項目）を満たしたうえで、**専門性や特徴を活かした様式**で作成しています[3]。アセ

スメントツールは、事業所や法人で決めて、統一したツールを使用することが多いと思います。情報が整理され可視化しやすく、ニーズの分析（ニーズの抽出）が分かりやすいツールを選択し、使いにくい場合は、他のツールに変更しながら、自分の事業所に適したツールを選択していきましょう。

※1　指定居宅介護支援等の事業の人員及び運営に関する基準について　第二の3(8)⑥
※2　介護サービス計画書の様式及び課題分析標準項目の提示について
※3　介護保険最新情報Vol.379　「課題整理総括表・評価表の活用の手引き」の活用について

Q19 アセスメントの持ち物

アセスメントで持参したほうがよい物品は？

A アセスメントシートほか、下記を参照。感染症対策も忘れずに。

　初回アセスメントの場合と、更新時や状態変化時の再アセスメントとで異なりますが、一般的に、アセスメントシート（少なくとも課題分析標準項目が網羅されているもの）、画板（机が必ずあるとは限らないので）、筆記用具や朱肉、介護保険等サービス情報がまとめられたもの（役所が発行しているものや事業所のパンフレット等）、福祉用具や住宅改修のパンフレット、巻尺（最近はアプリもあります）、電卓、写真が撮れる機器（スマートフォンやデジカメ）等となるでしょう。その場で必要な情報を検索したり記録したりできるようなタブレットや、状況に応じてその場で外部と連絡が取れるような携帯電話等も準備できると便利です。

　また、アセスメントに限らず、訪問の際は感染症対策を講じる必要もあります。管理者を中心に事業所で対応を相談してください。手指の消毒薬や手洗い後のタオルを持参したり、場合によっては、マスクや手袋、足カバー、予防衣等を装着して実施することも想定されます。

2 アセスメント

第1章　ケアマネジメントプロセス編

Q20 顕在ニーズと潜在ニーズ

顕在化しているニーズと潜在化しているニーズとは何か？

A 見えていることや語られていることだけがニーズではない。

利用者自身が「これが欲しい。こんなことがしたい」とサービスの必要性をはっきり自覚している状態、これを**顕在ニーズ**といいます。一方「**潜在ニーズ**」とは顕在ニーズの裏に隠れた利用者も自覚していないニーズです。課題はまだ表面化しておらず、自分が本来何を必要としているかに気づいていない状態をいいます。

ケアマネジャーは、専門職として顕在化しているニーズだけではなく、潜在化しているニーズについても分析し、課題に対して適切な支援をしていく必要があります。

例えば、「ヘルパーさんに買い物をしてほしい」と言われたときに、なぜ買い物ができなくなったのかを分析しますが、その際の顕在化しているニーズは「足が痛くて歩けないから買い物をしてほしい」だとしても、「痛みを何とかしたいが、病院の受診ができない」という潜在化したニーズが隠されているかもしれません。その場合は、きちんと医療（受診）につなげて痛みが軽減されることや、場合によっては、福祉用具（杖や歩行器など）や住宅改修（手すりの取り付けや段差解消など）の支援が必要になるかもしれません。「利用者の要望（デマンド）＝ニーズ」ではないので、注意してアセスメントしていきましょう。

図Ⅰ-2 顕在化しているのは氷山の一角

	顕在	本人が気づいている
	潜在	引き出すことができる
	潜在	仮説として導出される

スキル
面接力

スキル
質問力

スキル
分析力

ルール
運営基準

ルール
人員基準

ルール
算定基準

定　義

記　載

BEST!
最適解

連　携

考え方

Q21 ニーズの抽出方法 ❗
アセスメントからニーズの抽出方法がわからない。

A 生活上の問題を整理し、分析、統合して、最終的にニーズを導き出す。

　利用者の生活課題（ニーズ）の抽出には、アセスメントから導き出された生活上の問題点を整理、分析し統合する必要があります。分析、統合した問題点、生活課題（ニーズ）から「**利用者の今の生活にとって必要なこと**」を抽出していきます。この部分が、ケアマネジャーの専門性が問われる一番重要な役割です。

　基本的な考え方は、利用者・家族の希望や要望をかなえるため、専門職としての見立てをすり合わせることにあります。そのための手法については、さまざまな考え方や文献があります（例：ノーマティブニーズとフェルトニーズのすり合わせ（リアルニーズ）／ICFから導くニーズ／ストレングスモデル／潜在的・顕在的ニーズなど）。いずれにしても、まずは、こうした考え方や文献から学ぶところから始める必要があるでしょう。

　なお、Q10（p. 11参照）も参考にしてください。

Q22 認知症の利用者のニーズ ❗
認知症の利用者のニーズを抽出するのが本当に難しい。コツはあるか？

A まずは、認知機能低下をもたらす疾患症状の基本的理解に努める。

　認知症の疾患理解や疾患によって生じる症状の理解はアセスメントのベースとなるもので、ケアマネジャーとして身につけるべき基本的知識の一つです。そのうえで、家族等、利用者をよく知る身近な人々から、日頃の働きかけの方法や、利用者が落ち着いて過ごせる環境を教えてもらい、意識してかかわってみましょう。アセスメント場面やサービスの提供場面への同席等を活用して、利用者が喜ぶこと、嫌がること、その仕草や表情に注目して観察することで、

非常に多くの情報を得ることができます。あわせて、利用者の生活歴や習慣、好み、性格や趣味等の個人背景に着目し、利用者のみならず家族や知人、サービス事業者、各専門職などからの情報収集を行ったり、「センター方式」「紐解きシート」など、認知症に有用なアセスメントシートを活用し、これらの情報を分析することも的確なニーズ抽出に役立つことでしょう。

Q23 入院中の利用者へのアセスメント BEST!
入院中の利用者のアセスメントを病院の面会時間以外に行ってはだめか？

 基本的なルールは守る一方で、絶対だめとはいえない。

面会時間は、入院患者の診察や処置、食事などの時間を避けて設定されています。また、面会時間以外の対応を「禁止」と表現している病院もあれば、「ご協力ください」という表現になっている病院もあるかと思います。基本的なマナーとして、面会時間への配慮は必要となります。

ただし、病院側から指示があった場合や、急いで対応しなければならないときなどはこの限りではありません。時間外の面会を希望する際には、必ず病院のソーシャルワーカーや担当看護師へ一報を入れ、面会の許可を得るようにしましょう。

Q24 再アセスメントの必要性 BEST!
状態が変わらなければ、ケアプランや要介護認定結果が変わっても再アセスメントは必要ないか？

 基本的に再アセスメントは必要。

ケアプランの変更については、アセスメント・担当者会議の開催・ケアプランへの同意と配布を行わなければなりません※1。また、要介護更新認定・要介護状態区分変更認定を受けた場合におい

スキル
面接力

スキル
質問力

スキル
分析力

ルール
運営基準

ルール
人員基準

ルール
算定基準

定　義

記　載

BEST!
最適解

連　携

考え方

ては、担当者会議を開催しなければなりません※2。担当者会議を開催する目的は、ケアプラン原案について専門的な見地から意見を聴取することですので、原案を検討するためのアセスメントを行うことになります※3。

　以上のことから、ケアプランや介護度が変わった場合、再アセスメントは必要となります。ただし、利用者の希望による軽微な変更を行う場合は、この限りではありません（軽微変更：**Q48**（p. 37参照））。

※1　指定居宅介護支援等の事業の人員及び運営に関する基準　第13条第16号
※2　指定居宅介護支援等の事業の人員及び運営に関する基準　第13条第15号
※3　指定居宅介護支援等の事業の人員及び運営に関する基準　第13条第8号

3 ケアプラン作成

スキル
面接力

スキル
質問力

スキル
分析力

ルール
運営基準

ルール
人員基準

ルール
算定基準

定義

記載

BEST!
最適解

連携

考え方

Q25 サービス事業者の選択

ケアマネジャーが選んだ事業者を
ケアプランに位置づけてもよいか？

 選択するのはあくまでも利用者と家族。

介護保険法（平成9年法律第123号）第2条第3項には「保険給付は、被保険者の心身の状況、その置かれている環境等に応じて、被保険者の選択に基づき」と規定されています。ケアマネジャーは、地域資源を把握したうえで専門職としての提案を行い、利用者自身が安心してサービス事業者を選択できるよう、配慮が必要となります。また、平成30年の介護報酬改定以降、ケアマネジャーは次の①②について契約時に説明をすることになりました。

① 利用者や家族は、ケアプランに位置づける居宅サービス事業者について、複数の事業者の紹介を求めることが可能である。

② 利用者や家族は、サービス事業者をケアプランに位置づけた理由を求めることが可能である。

この2点からも、仮にケアマネジャーが事業者を提案したとしても、選択については、利用者および家族にその主体があるということが読み取れます。

なお、利用者への説明については、令和3年度の介護報酬改定でケアプランにおける各サービスの利用割合等を示すことになりました。詳細はQ224（p. 165）を参照してください。

Q26 介護認定審査会の意見およびサービスの種類の指定

「介護認定審査会の意見およびサービスの種類の指定」には、何を記入するのか？

A 介護保険被保険者証の確認が大切。

介護認定審査会で、特にこのサービスを活用したほうがよいと判断された場合、サービスの種類が指定され、保険証に「サービス種類の指定」が記載されます。その場合、その指定されたサービス以外、利用できなくなり、第1表（居宅サービス計画書(1)）のこの欄に必ず記載する必要があります。そのため、ケアマネジャーが**介護保険被保険者証を確認するのは必須業務**とされています。介護認定審査会でサービスの指定をされることが稀なため、保険証に記載がない場合が多いのですが、その場合は、未記入でも構いません。しかしながら、サービスの種類の指定の有無について、保険証を確認した際に支援経過記録等に「同欄に記載なし」「意見なし」などの記載をしておきます。また、第1表のこの欄に、「記載なし」「意見なし」と記載すると、ケアマジャーが保険証を確認したことの証明になり、利用者家族にもわかりやすくなるでしょう。

また、時々この欄に、サービスの指定以外の情報を記載しているのを見かけますが、この欄には、この「サービス種類の指定」以外の記載をしてはいけません。

Q27 家族や医師などの緊急連絡先

第1表（居宅サービス計画書(1)）に家族や医師などの緊急連絡先は、必ず入れておくものなのか？

A 緊急連絡先の記載は必須ではない。

必ず記入しなければいけないものではありません。緊急連絡先を記入するのは、主にターミナルのケースや急変が予測される場合などに、家族の携帯電話や主治医の緊急連絡先を記入します（あらか

じめ発生する可能性が高い緊急事態が想定されている場合には、対応機関やその連絡先等について記載することが望ましい)※。なかには、携帯電話の番号が記載されるのを嫌がる家族もいますし、個人情報保護法の観点からも、記載する場合は、必要性を説明し、必ず承諾を得てからにしてください。

※ 介護サービス計画書の様式及び課題分析標準項目の提示について（平成11年老企第29号）

Q28 短期目標と長期目標の期間

第2表（居宅サービス計画書(2)）で、認定の有効期間が短い場合、短期目標と長期目標の期間は一緒でよいか？

スキル
面接力

スキル
質問力

スキル
分析力

ルール
運営基準

ルール
人員基準

ルール
算定基準

定 義

記 載

最適解

連 携

考え方

A 長期目標と短期目標の期間は別に記載する。

　原則は、違うほうがよいでしょう。認定の有効期間が短い場合など、目標の期間設定が同じになってしまう場合があるかもしれませんが、まったく同じ期間で、目標の達成レベルが違うのでは整合性がとれません。参考として、長期目標は「〇月〇日〜」と終わりを記入しない方法があります。その場合の長期目標については、次の長期目標にもつながるような内容にしておくと、更新時のケアプランの目標に継続性や段階性がもてるでしょう。短期目標だけ、有効期間にあわせて終了日を記入するなどの工夫をしましょう。通知上では、「長期目標」の「期間」は、「生活全般の解決すべき課題（ニーズ）」を、いつまでに、どのレベルまで解決するのかの期間を記載し、「短期目標」の期間は、「長期目標」の達成のために踏むべき段階として設定した「短期目標」の達成期限を記載するという決まりごとしか示されておらず※、同じ期間にしたからといって運営基準減算にはなりませんが、実地指導などでは、助言・指摘される可能性がありますから、最終的には保険者の判断となります。認定の有効期間を考慮する必要はありますが、長期目標と短期目標は、段階的に目標や期間が設定できるようにしましょう。

※ 介護サービス計画書の様式及び課題分析標準項目の提示について

Q29 認定の有効期間

認定の有効期間が、あと1週間で切れてしまうが、その前にサービスが開始になった場合は、1週間だけの計画書を作成し、その後また新たに計画書を作成して、担当者会議を実施するのか？

A 原則はそのとおり。

しかしながら、1週間後に再度担当者会議を開催するのは、利用者・家族・サービス担当者も、負担になってしまいます。この場合は、**ケアプラン（原案）を二つ**（1週間のものと、その先のもの）**作成して同時に検討すること**も一つの方法です。一つは、残りの1週間の計画書を作成し、もう一つは、次の認定期間の計画書として作成し、担当者会議では、二つの計画書について同時に検討し、会議の記録に検討内容を残して、それぞれの計画書に署名等をしてもらうという方法です。

Q30 計画の期間

第2表（居宅サービス計画書(2)）の期間は、本来は何を記載する欄か？

A 「認定の有効期間」も考慮して設定する。

「期間」は、「サービス内容」に掲げたサービスをどの程度の「期間」にわたり実施するかを記載します。なお、「期間」の設定においては「認定の有効期間」も考慮するものとなっています※。

※ 介護サービス計画書の様式及び課題分析標準項目の提示について

福祉用具についての記載は？

第2表（居宅サービス計画書⑵）のサービス内容で、福祉用具の内容は（手すり、車いすなど）一つひとつ記入が必要か？

 必要である。

　第2表のサービス内容は短期目標の達成のために必要な支援の内容を記載します。アセスメントの分析により、短期目標が具体的な目標となっていれば、サービス内容も具体的なものとなってきます。また、各サービス提供事業所も第2表をもとに個別サービス計画を策定していきます。サービス内容に具体的な項目・内容が記載されていないと意図が伝わりにくいものとなります。重要なことは、居宅サービス計画が利用者・家族のためのものであることを踏まえ、利用者・家族が、自立支援にどのように結びついていくのかをイメージできるものとし、理解しやすい記載であることが必要です。例えば「玄関から外に出ることができる」という短期目標であれば「福祉用具」とするより「階段昇降の動作を補助するための手すり設置」と記載したほうがわかりやすいでしょう。

インフォーマルなサービス

インフォーマルなサービスもケアプランに入れるとあるが、どんな内容をいうのか？

 インフォーマルサービスとは、公的なサービス以外のものをいう。

　自助・互助・共助・公助のなかで、主に自助や互助に当たる部分です。利用者自身が行うセルフケアや家族が行う支援のほか、友人や近隣の見守りや声かけ、町内会や民生委員、ボランティア、配食サービス等の支援のことで、介護保険のサービスや医療保険サービス等の公的なサービス以外の支援を指します。インフォーマルサービスは、サービスの質や提供される内容などが一定しませんが、顔見知りの方々による支援や公的なサービスにはできないきめ細やか

スキル
面接力

スキル
質問力

スキル
分析力

ルール
運営基準

ルール
人員基準

ルール
算定基準

定　義

記　載

BEST!
最適解

連　携

考え方

なニーズに対応ができるのが特徴です。

Q33 ボランティアや民生委員

ボランティアや民生委員などをケアプランに位置づけてもよいか？

A 一定の配慮や同意のもとであれば可能。

　運営基準では、介護保険外サービスや住民による自発的な活動によるサービス等についても、ケアプランに位置づけるよう求めています※。その方の課題解決に対し、**必要である支援については、記載する**ようにしましょう。

　ただし、位置づける際にはケアマネジャーの一方的な判断ではなく、利用者や家族の同意、また、位置づけられるボランティアや民生委員にも同意が必要です。個人情報の使用同意という意味に加え、利用者を支えるチームの一員であるという思いを共有するためです。

※　指定居宅介護支援等の事業の人員及び運営に関する基準（平成11年厚生省令第38号）第13条第4号

Q34 インフォーマルサービスについての記載

インフォーマルサービスはどこまで記載するべきか？

A ニーズを解決するために必要である場合は原則記載する。

　利用者の周りには今まで築いてきた、人間関係や地域との関係性があります。それらを数多くもちあわせていることを明確にしていくことが利用者のストレングスを顕在化し、認めることにもなります。また、地域のなかに存在する各種の社会資源を含めると、利用者に援助を提供できるインフォーマルサービスはたくさんあります。

　介護保険サービスだけで「生活全体」を支えることは不可能です。アセスメントにより、抽出されたニーズを解決するために、インフォーマルサービスは、利用者の社会的・心理的側面を援助できる

社会資源として、利用者の意欲を引き出すために、とても大切な役割を果たします。

　ケアマネジャーとして課題を解決するために、インフォーマルサービスへと結びつけることが的確な支援であると分析したならば、<u>家族・友人・近隣・自治会・老人会・民生委員・ボランティア</u>などのさまざまな支援を、チームで共有し、ケアプランを全体的に把握するために記載していくように努めます※。ただし、記載する際には、実効性や継続性を確認し、無理や負担がないかどうかの配慮や同意、そして個人情報に関しての説明も必要となります。

※　指定居宅介護支援等の事業の人員及び運営に関する基準　第13条第4号

Q35 ケアプランの原案と確定プランの違い

ケアプランの原案と確定プランの違いは何か？

 関係各者が合意した原案が確定プラン。

　「ケアプランの原案」は、利用者のアセスメントから、ケアマネジャーが作成したケアプランのことを指します。この段階で、まずは利用者・家族に説明し、同意を得て、担当者会議の前に各サービス事業者に送ります。そして、担当者会議で専門的な見地から意見をもらいつつケアプランを検討し、利用者・家族とサービス事業者間で合意形成されたものが「確定プラン」となります（担当者会議で、修正となった場合は、修正したケアプランを説明・同意を得たうえで各サービス事業者へ再送付します）。

　したがって、ケアプランは、「原案」と「確定プラン」とをそれぞれ各サービス事業者へ送付する必要があります。

スキル
面接力

スキル
質問力

スキル
分析力

ルール
運営基準

ルール
人員基準

ルール
算定基準

定　義

記　載

BEST!
最適解

連　携

考え方

Q36 医師へのケアプランの交付

医師にもケアプランは送る（交付する）のか？

A 平成30年度の介護報酬改定で、以下のように義務づけられた。

① 利用者が医療系サービスの利用を希望している場合などは、利用者の同意を得て主治の医師等の意見を求めることとされているが、この意見を求めた主治医等（「主治医の意見書」を書いた医師とは限らない)に対してケアプランを交付することを義務づける。

② 訪問介護事業所等から伝達された利用者の口腔に関する問題や服薬状況、モニタリング等の際にケアマネジャー自身が把握した利用者の状態等について、ケアマネジャーから主治医等に必要な情報伝達を行うことを義務づける※。

以上のように今のところ、法的には医療系サービスを利用する際の義務化はされていますが、たとえ医療系サービスを利用していなくても、どのような介護サービスを利用しているのか、担当のケアマネジャーは誰なのかを覚えてもらい、日頃から連携が取れるように、ケアプランは送る（交付する）とよいでしょう。

※ 指定居宅介護支援等の事業の人員及び運営に関する基準　第13条第13号の2

Q37 医師への意見照会

通所リハビリテーション（デイケア）をケアプランに位置づける際に、医師への意見照会は必要か？

A 必須。

「通所リハビリテーション（デイケア）」は、医療系サービスに含まれるので、医師への意見照会は必須です。病状によっては、主治医として容認できないかもしれませんので、必ず確認してください。また、具体的にどのようなリハビリテーションをしたらよいか、注意すべき点は何かなど、あわせて確認しましょう。大きな病院の医

師には、直接電話では意見照会しにくい場合がありますが、その場合は、

① 医療ソーシャルワーカー（MSW）を通して確認してもらう（その際、状況や関係性にもよるが、電話やFAXやメールなどの活用も検討）。
② 利用者の同意を得て、受診時に同行する。
③ ケアプラン原案と意見照会用紙を郵送し、返信用封筒も同封して、郵送で返信してもらう。

以上のような方法で、意見照会を試してみるとよいでしょう。

Q38 署名等について
サービス計画書は第1表、第2表、第3表すべてに署名等が必要か？

A 一般的に第1表への署名等で一括同意とすることが多い。

「サービス計画書」（ケアプラン）とは、一般的に、第1表（居宅サービス計画書(1)）、第2表（居宅サービス計画書(2)）、第3表（週間サービス計画表）と第6・7表（サービス利用票および別表）を指します。すべてにおいて、わかりやすい説明を実施し、同意を得ることが必要です。一般的に、第1表の余白部分に「説明を受け、内容に同意した」旨の同意欄を設け、第1表から第3表までの一括同意とすることが多く、ケアプラン作成ソフトに標準装備されています。軽微な変更にあたる利用票のみの変更には、第1表～第3表の交付は省略できます。しかしながら、保険者によって、定められた様式や方法で実施することを求められることがあるため、必ず確認をしてください。

スキル
面接力

スキル
質問力

スキル
分析力

ルール
運営基準

ルール
人員基準

ルール
算定基準

定　義

記　載

BEST!
最適解

連　携

考え方

Q39 ケアプランの作成日とは

ケアプランの作成日はケアプランを作成した
日付とサービスが開始になる日付のどちらか？

A ケアプラン（原案）作成日を明記する。

原則的には、サービス開始以前（ただし、緊急等の事由によって
サービスを利用する場合に、ケアプラン作成日とサービス開始日が
同一となることは想定されます。）です。新規のサービス開始日翌日
以降に「作成日」が設定されることはありません。なお、要介護認
定前に、暫定のケアプランを作成してサービスを利用する場合も同
様です。

Q40 ケアプランの作成日と担当者会議の日付

ケアプランの作成日と担当者会議の日付は
同じにしないといけないか？

A 必ずしも同じ日にする必要はない。

計画書の原案を作成したら、事前に利用者・家族への同意を得ま
す。それをサービス担当者へ送り、あらかじめ目を通してもらった
うえで担当者会議が実施されますので、**計画書の作成日は担当者会
議より前か当日になる**でしょう。

なお、通知では、「当該居宅サービス計画を作成または変更した日
を記載する※」となっている。

※　介護サービス計画書の様式及び課題分析標準項目の提示について

Q41

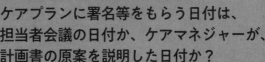
ケアプランに署名等をもらう日付

ケアプランに署名等をもらう日付は、
担当者会議の日付か、ケアマネジャーが、
計画書の原案を説明した日付か？

A 担当者会議で同意を得た日付。

ケアマネジャーが作成した計画書の原案は、まず始めに利用者家族へ説明しますが、利用者・家族に説明しただけでは「原案」のままです。担当者会議で、専門的な見地からの意見を聞き、サービス事業所と利用者・家族が役割分担を確認し合意形成され、「原案」が「確定プラン」になります（担当者会議等で原案の修正があった場合は、改めて修正※）。したがって、その日付が最終的な「確定プラン」に署名等をもらう日ということになります。<u>原則は、サービスが開始されるよりも前の日付（または当日）</u>でなければならないので、注意が必要です。

※　指定居宅介護支援等の事業の人員及び運営に関する基準　第13条

Q42

説明同意日

ケアプラン原案を担当者会議で検討し、
内容を一部変更することになったが、
説明同意の日付はいつにすればよいのか？

A サービス開始前に、ケアマネジャーがケアプラン
原案の内容を説明し、同意を得た日付。

なお、サービス担当者会議に利用者および家族が参加され、ケアプラン原案の変更内容について同意されているのであれば、「変更を同意した日＝会議開催当日の日付」で記載することが妥当な対応でしょう。ここで大切なことは、サービス開始が迫っている、迫っていないに限らず、原則は「説明と同意」にもとづく署名をいただくことです。緊急性が高くやむを得ない場合は、口頭確認等でサービス提供を開始し、後日速やかに必要な実務を実施します。

スキル
面接力

スキル
質問力

スキル
分析力

ルール
運営基準

ルール
人員基準

ルール
算定基準

定　義

記　載

BEST!
最適解

連　携

考え方

Q43 署名は利用者本人の名前でないといけないのか

ケアプランの署名は、利用者本人の名前でないといけないのか？　また、家族が利用者の名前で署名してもよいのか？

A 原則は、利用者本人。家族等による保証人（代理人）の代筆が可能な場合もある。

　理解力の低下した認知症や意識障害、もしくは視覚障害のある利用者の場合、本人が署名できないことがあります。法によって定められた後見人等や、代筆の認められている障害領域の訪問介護員が代行・代筆できればよいのですが、必要な人すべてに後見人等がついているとは限りません。しかしながら（いずれは後見人につなげるとしても）、サービス利用開始のためには、ケアマネジャーはケアプラン原案を説明し、書面で利用者の同意を得ることが求められますから、契約段階で保証人（代理人）と明記されている家族等が代筆することが、現実的と思われます。その場合の記載方法として以下の【例】を参考にしてください。

【例】

> ・上段に「利用者氏名」（保証人が代筆します）
> ・下段に「代筆　代筆者氏名　続柄」（利用者氏名の代筆を行った者・続柄を明記）

Q44 安心・安全という記載を避ける理由

ケアプランに、安心・安全は使わないほうがよいと言われたが、なぜか？

A 「安心」「安全」という言葉から連想する事柄は、非常に個人差が大きいため。

　曖昧なままにしておくと、利用者、家族、支援者がそれぞれ異なるゴール（目標）を目指して走り出してしまう可能性が高いです。そうなると、目標の評価は困難をきわめます。例えば、「安心」の捉え方として、経済的に余裕があることが安心なのか、誰かがそばにいることが安心なのか、人によって感じ方や価値観は違います。「安

全」の捉え方も、危ないから外出しないことが安全なのか、杖だと危ないから車いすを使ったほうが安全なのか、段差を解消することが安全なのかというように、曖昧な表現をしてしまうとさまざまなズレが生じてしまいます。そのため、その人にとっての「安心」「安全」な状況について、具体的に言語化することが必要になってきます。ケアプラン作成の際は、**実現可能で評価することが可能な目標設定**に努めましょう。そのためには適切なアセスメントが必要となるのは言うまでもありません。

Q45 目標の達成期間
目標の達成時期（長期・短期）期間はどのように定めたらよいか？

A 利用者の状態像を踏まえた根拠のある期間に定める。

「長期目標」の期間は、「生活全般の解決すべき課題」をいつまでにどのレベルまで到達し解決するのかの期間を記載し、「短期目標」の期間は、長期目標の達成のために踏むべき段階として設定した短期目標の達成期限を記載します。また、「期間の設定」については、「認定の有効期間」も考慮します。

どちらの目標の期間も、課題分析を根拠とし、実現可能であり目標が達成できると判断（予測）できる期間を設定します。その際には、利用者・家族も参加し一緒に考えながらイメージを共有することが大切です。特に初期のプランにおける短期目標の期間は、達成感を重ねて経験することで、利用者の意欲を引き出すことも可能となることを意識する必要があります。あくまでもそれぞれの目標に対して、適切な達成期間を検討しましょう。

なお、なぜその期間を設定したのか、ケアマネジャーとしては、**根拠をもって答えられる必要**があります。利用者の状態像を踏まえて、根拠のある期間を定めましょう。

スキル
面接力

スキル
質問力

スキル
分析力

ルール
運営基準

ルール
人員基準

ルール
算定基準

定　義

記　載

最適解

連　携

考え方

Q46 ケアプランを作成しなくてもよい場合

居宅療養管理指導のみの利用者や住宅改修、
福祉用具購入のみの利用者がいた場合にも、
ケアプランを作成する必要はあるのか？

A ほかの介護サービスを利用していなければ、
作成する必要はない。

居宅療養管理指導以外にほかの介護サービスを利用していない場合は、原則としてケアプランを作成する必要はありません。相談支援の一環としてケアプランを作成することは構いませんが、居宅療養管理指導は給付管理外のサービスとなるため、居宅介護支援費の請求はできません。住宅改修や福祉用具購入のみの利用者も同様です。

また、ほかの介護保険サービスを利用していた場合、居宅療養管理指導や福祉用具購入については、ケアプランに位置づける必要がありますので、注意してください※。ただし、住宅改修については、運営基準上では、ケアプランに位置づけるような記載はありませんが、実際には改修内容を明記することが望ましいとする保険者もありますので、被保険者の保険者に確認してください。

※　指定居宅介護支援等の事業の人員及び運営に関する基準　第13条第20号・第23号

Q47 認定結果が出る前のケアプラン作成 BEST!

新規または更新で、認定結果が出る前に
サービスを開始する場合、
ケアプランを作成しなくてよいか？

A 暫定ケアプランを作成する。

新規において認定結果が出る前にサービスを開始する場合、要介護か要支援のどちらかの暫定プランを作成し、担当者会議を開催、同意を得ることになります。認定結果が出た時点で、居宅介護支援事業所か地域包括支援センターのどちらかが対応します。仮に要支援認定が出る可能性が高い場合には、あらかじめ担当エリアの地域

包括支援センターに相談しておきましょう。介護保険は申請時に遡って利用することができます。認定結果が出る前の暫定プランにおいても、居宅介護支援における一連の業務（アセスメントやサービス担当者会議など）を行うことが必要です。

また、更新時において「結果が出ないので、結果が出たら速やかに原案作成・サービス担当者会議を実施しよう」としている事業所がありますが、これは不適切です。有効期間が切れる前に暫定ケアプランに対するプロセスを踏むようにしてください。

緊急に対応した場合、一連の業務の順序が変わることがあり得ます。その場合には速やかに一連の業務を実施するようにしてください※。

なお、暫定ケアプランの作成方法や取り扱い（交付の仕方や担当者会議・署名等の方法など）については、保険者によって細かく決められている場合があるので、手順については、保険者に確認しておく必要があります。

※ 指定居宅介護支援等の事業の人員及び運営に関する基準について（平成11年老企第22号）第二の3(8)

Q48 ケアプランの軽微変更
ケアプランの軽微変更とは何か？

A 表1-3のとおりである。※

表1-3（p. 38参照）が主な内容ですが、文書末には「軽微な変更に該当するものがあると考えられる」という表記となっており、「該当しないものもある」ということになります。よって、自分だけで解釈・思い込みをせず、保険者に状況説明し確認をするのが望ましいでしょう。

また、軽微な変更だからすべてOKでなく、あくまでも利用者にわかりやすい、懇切丁寧であるかの検討も必要です。例えば、軽微変更のなかには「同一事業所における担当ケアマネジャーの変更」という項目があります。担当が代わったのにもかかわらず、軽微変

スキル
面接力

スキル
質問力

スキル
分析力

ルール
運営基準

ルール
人員基準

ルール
算定基準

定　義

記　載

BEST!
最適解

連　携

考え方

更という理由で、短期目標が切れるまでの何か月もケアプランの変更がなかったらどうでしょうか。利用者に対する懇切丁寧な説明、かつ支援の質を考えたときに、最低限のルールを守ればよいというのではなく、利用者利益の観点から、個別の対応は考えていきましょう。

※ 介護保険最新情報Vol.155 「介護保険制度に係る書類・事務手続きの見直し」に関するご意見への対応についてを一部改変

表 1−3　介護保険制度に係る書類・事務負担の見直し

3　ケアプランの軽微な変更の内容について（ケアプランの作成）	「指定居宅介護支援等の事業の人員及び運営に関する基準について（平成11年7月29日老企22号厚生省老人保健福祉局企画課長通知）」（以下、「基準の解釈通知」という。）の「第Ⅱ　指定居宅介護支援等の事業の人員及び運営に関する基準」の「3　運営に関する基準」の「(7)指定居宅介護支援の基本取扱方針及び具体的取扱方針」の「⑮居宅サービス計画の変更」において、居宅サービス計画を変更する際には、原則として、指定居宅介護支援等の事業及び運営に関する基準（平成11年3月31日厚令38、以下「基準」という。）の第13条第3号から第11号までに規定されたケアプラン作成にあたっての一連の業務を行うことを規定している。なお、「利用者の希望による軽微な変更（サービス提供日時の変更等）を行う場合には、この必要はないものとする。」としているところである。
サービス提供の曜日変更	利用者の体調不良や家族の都合などの随時的、一時的なもので、単なる曜日、日付の変更のような場合には、「軽微な変更」に該当する場合があるものと考えられる。なお、これはあくまで例示であり、「軽微な変更」に該当するかどうかは、変更する内容が同基準第13条第3号（継続的かつ計画的な指定居宅サービス等の利用）から第11号（居宅サービス計画の交付）までの一連の業務を行う必要性の高い変更であるかどうかによって軽微か否かを判断すべきものである。
サービス提供の回数変更	同一事業所における週1回程度のサービス利用回数の増減のような場合には、「軽微な変更」に該当する場合があるものと考えられる。なお、これはあくまで例示であり、「軽微な変更」に該当するかどうかは、変更する内容が同基準第13条第3号（継続的かつ計画的な指定居宅サービス等の利用）から第11号（居宅サービス計画の交付）までの一連の業務を行う必要性の高い変更であるかどうかによって軽微か否かを判断すべきものである。
利用者の住所変更	利用者の住所変更については、「軽微な変更」に該当する場合があるものと考えられる。なお、これはあくまで例示であり、「軽微な変更」に該当するかどうかは、変更する内容が同基準第13条第3号（継続的かつ計画的な指定居宅サービス等の利用）から第11号（居宅サービス計画の交付）までの一連の業務を行う必要性の高い変更であるかどうかによって軽微か否かを判断すべきものである。

事業所の名称変更	単なる事業所の名称変更については、「軽微な変更」に該当する場合があるものと考えられる。 なお、これはあくまで例示であり、「軽微な変更」に該当するかどうかは、変更する内容が同基準第13条第3号（継続的かつ計画的な指定居宅サービス等の利用）から第11号（居宅サービス計画の交付）までの一連の業務を行う必要性の高い変更であるかどうかによって軽微か否かを判断すべきものである。
目標期間の延長	単なる目標設定期間の延長を行う場合（ケアプラン上の目標設定（課題や期間）を変更する必要が無く、単に目標設定期間を延長する場合など）については、「軽微な変更」に該当する場合があるものと考えられる。 なお、これらはあくまで例示であり、「軽微な変更」に該当するかどうかは、変更する内容が同基準第13条第3号（継続的かつ計画的な指定居宅サービス等の利用）から第11号（居宅サービス計画の交付）までの一連の業務を行う必要性の高い変更であるかどうかによって軽微か否かを判断すべきものである。
福祉用具で同等の用具に変更するに際して単位数のみが異なる場合	福祉用具の同一種目における機能の変化を伴わない用具の変更については、「軽微な変更」に該当する場合があるものと考えられる。 なお、これはあくまで例示であり、「軽微な変更」に該当するかどうかは、変更する内容が同基準第13条第3号（継続的かつ計画的な指定居宅サービス等の利用）から第11号（居宅サービス計画の交付）までの一連の業務を行う必要性の高い変更であるかどうかによって軽微か否かを判断すべきものである。
目標もサービスも変わらない（利用者の状況以外の原因による）単なる事業所変更	目標もサービスも変わらない（利用者の状況以外の原因による）単なる事業所変更については、「軽微な変更」に該当する場合があるものと考えられる。 なお、これはあくまで例示であり、「軽微な変更」に該当するかどうかは、変更する内容が同基準第13条第3号（継続的かつ計画的な指定居宅サービス等の利用）から第11号（居宅サービス計画の交付）までの一連の業務を行う必要性の高い変更であるかどうかによって軽微か否かを判断すべきものである。
目標を達成するためのサービス内容が変わるだけの場合	第一表の総合的な援助の方針や第二表の生活全般の解決すべき課題、目標、サービス種別等が変わらない範囲で、目標を達成するためのサービス内容が変わるだけの場合には、「軽微な変更」に該当する場合があるものと考えられる。 なお、これはあくまで例示であり、「軽微な変更」に該当するかどうかは、変更する内容が同基準第13条第3号（継続的かつ計画的な指定居宅サービス等の利用）から第11号（居宅サービス計画の交付）までの一連の業務を行う必要性の高い変更であるかどうかによって軽微か否かを判断すべきものである。
担当介護支援専門員の変更	契約している居宅介護支援事業所における担当介護支援専門員の変更（但し、新しい担当者が利用者はじめ各サービス担当者と面識を有していること。）のような場合には、「軽微な変更」に該当する場合があるものと考えられる。 なお、これはあくまで例示であり、「軽微な変更」に該当するかどうかは、変更する内容が同基準第13条第3号（継続的かつ計画的な指定居宅サービス等の利用）から第11号（居宅

スキル
面接力

スキル
質問力

スキル
分析力

ルール
運営基準

ルール
人員基準

ルール
算定基準

定　義

記　載

BEST!
最適解

連　携

考え方

		サービス計画の交付)までの一連の業務を行う必要性の高い変更であるかどうかによって軽微か否かを判断すべきものである。
4	ケアプランの軽微な変更の内容について（サービス担当者会議）	基準の解釈通知のとおり、「軽微な変更」に該当するものであれば、例えばサービス担当者会議の開催など、必ずしも実施しなければならないものではない。 しかしながら、例えば、ケアマネジャーがサービス事業所へ周知した方が良いと判断されるような場合などについて、サービス担当者会議を開催することを制限するものではなく、その開催にあたっては、基準の解釈通知に定めているように、やむを得ない理由がある場合として照会等により意見を求めることが想定される。
	サービス利用回数の増減によるサービス担当者会議の必要性	単なるサービス利用回数の増減（同一事業所における週1回程度のサービス利用回数の増減など）については、「軽微な変更」に該当する場合もあるものと考えられ、サービス担当者会議の開催など、必ずしも実施しなければならないものではない。 しかしながら、例えば、ケアマネジャーがサービス事業所へ周知した方が良いと判断されるような場合などについて、サービス担当者会議を開催することを制限するものではなく、その開催にあたっては、基準の解釈通知に定めているように、やむを得ない理由がある場合として照会等により意見を求めることが想定される。
	ケアプランの軽微な変更に関するサービス担当者会議の全事業所招集の必要性	ケアプランの「軽微な変更」に該当するものであれば、サービス担当者会議の開催など、必ずしも実施しなければならないものではない。 ただし、サービス担当者会議を開催する必要がある場合には、必ずしもケアプランに関わるすべての事業所を招集する必要はなく、基準の解釈通知に定めているように、やむを得ない理由がある場合として照会等により意見を求めることが想定される。
	「利用者の状態に大きな変化が見られない」の取扱い	「利用者の状態に大きな変化が見られない」の取扱いについては、まずはモニタリングを踏まえ、サービス事業者間（担当者間）の合意が前提である。 その上で具体的には、「介護サービス計画書の様式及び課題分析標準項目の提示について」（平成11年11月12日老企第29号）の「課題分析標準項目（別添）」等のうち、例えば、 ・「健康状態（既往歴、主傷病、病状、痛み等）」 ・「ADL（寝返り、起き上がり、移乗、歩行、着衣、入浴、排泄等）」 ・「IADL（調理、掃除、買い物、金銭管理、服薬状況等）」 ・「日常の意思決定を行うための認知能力の程度」 ・「意思の伝達、視力、聴力等のコミュニケーション」 ・「社会との関わり（社会的活動への参加意欲、社会との関わりの変化、喪失感や孤独感等）」 ・「排尿・排便（失禁の状況、排尿排泄後の後始末、コントロール方法、頻度など）」 ・「褥瘡・皮膚の問題（褥瘡の程度、皮膚の清潔状況等）」 ・「口腔衛生（歯・口腔内の状態や口腔衛生）」 ・「食事摂取（栄養、食事回数、水分量等）」 ・「行動・心理症状（BPSD）（妄想、誤認、幻覚、抑うつ、不眠、不安、攻撃的行動、不穏、焦燥、性的脱抑制、収集癖、叫声、泣き叫ぶ、無気力等）」 等を総合的に勘案し、判断すべきものである。

Q49 サービス事業者へのケアプラン送付

ケアプランに同意を得たあと、サービス事業者へは何を送ればいいのか?

A 同意済みのケアプラン（第1表～第3表）と
サービス提供票。

　ケアプランに同意を得たあとは、ケアプランの第1表～第3表とサービス提供票を送ることになります※1。ただし、解釈通知においては、「担当者に対して居宅サービス計画を交付する際には、当該計画の趣旨及び内容等について十分に説明し、各担当者との共有、連携を図った上で、各担当者が自ら提供する居宅サービス等の当該計画（以下「個別サービス計画」という。）における位置づけを理解できるように配慮する」とあります※2。例えば、担当者会議を欠席した事業者などに対しては、ケアプラン第4表（サービス担当者会議の要点）を送付するなどして情報共有を行うなどの配慮が必要となります。

※1　指定居宅介護支援等の事業の人員及び運営に関する基準について　第二の3(8)⑩・⑪
※2　指定居宅介護支援等の事業の人員及び運営に関する基準について　第二の3(8)⑪

Q50 利用者と家族の意向が違うとき

利用者と家族の意向が違った場合、利用者の意向中心でのケアプラン作成でよいか?

A 利用者を中心に必要な支援を考え、家族の意向も
確認すること。

　「利用者の自己決定」「自立支援」という介護保険法の原則から考えれば、利用者本人の意向が何よりも優先されるべきといえます。家族の意向だけが重視され、利用者の意向が軽視されるようなことがあってはなりません。逆に、利用者のケアプランだからといって、家族を犠牲にした生活もまた成り立ちません。家族と利用者の意向の違いといっても、「経済的な理由」「利用者の認知機能の問題」「その方の生き方や優先順位のつけ方」「家族関係や生活歴」など、理由はさまざまだと思います。ケアプランは、利用者や家族の意向だけ

スキル
面接力

スキル
質問力

スキル
分析力

ルール
運営基準

ルール
人員基準

ルール
算定基準

定　義

記　載

BEST!

最適解

連　携

考え方

で作成するものではありません。専門職として、それぞれの意向を確認し、課題分析の過程を言語化していく必要があります。例えば、課題整理総括表などは、課題分析を可視化したツールといえるでしょう。ツールなどを活用しながら、ケアプランを作成した経過を説明し、**それぞれの合意を得ていきましょう**。また、計画書の第1表（居宅サービス計画書(1)）や第2表（居宅サービス計画書(2)）に意向の違いの記載が難しい場合は、第5表の（居宅介護支援経過）にこれらを記載しておきます。

Q51 ケアプランの表記について

サービス内容は細かく書いたほうがよいのか？

A 利用者が理解しやすい表記が重要、加算内容だけの表記は不適切。

記載要領には「「短期目標」の達成に必要であって最適なサービスの内容とその方針を明らかにし、適切・簡潔に記載する」とあります※1。サービス内容の記載は、事業所で提供されるサービス項目の記載が中心となりますが、短期目標を達成するうえでのポイントやセルフケア・家族の役割を記載する項目でもあります。また、主治医等の専門家から示された留意事項なども記入することがあります。ただ細かく書けばいいということではなく、**利用者や家族にとって、理解しやすい内容や用語**を使った表現が重要となります。サービス内容の書き方については、ケアプラン点検支援マニュアルなども参考となります※2。なお、サービス内容欄に加算項目だけを羅列しているだけでは、サービス内容とはいえません。具体的で簡潔な記載をするように留意してください。

【例】

「入浴の介助」（訪問介護）
「浴室の手すりの設置」（住宅改修）
「屋内の杖歩行訓練」（訪問リハビリ）

※1　介護サービス計画書の様式及び課題分析標準項目の提示について
※2　介護保険最新情報Vol.38　「ケアプラン点検支援マニュアル」の送付について

Q52 個別サービス計画書の入手
個別サービス計画書は各事業所からもらわないといけないのか？

A 利用者の総合的支援を確認するためにも必要。

　平成27年の介護保険法改正により、ケアマネジャーは居宅サービス計画に位置づけた指定居宅サービス事業者等に対して、訪問介護計画等指定居宅サービス等基準において位置づけられている計画を求めなければならないことになりました※。ただし、訪問入浴介護と居宅療養管理指導に作成義務はありませんので、注意してください。

※　指定居宅介護支援等の事業の人員及び運営に関する基準　第13条第12号

Q53 訪問看護を導入するポイント
訪問看護を導入するポイントは？

A 「予防」の観点から早期導入のタイミングが重要となる。

　アセスメント、モニタリング等において、そのニーズの要因に疾患の悪化・健康状態の不安定な状況が少しでも挙げられるのであれば、それは訪問看護導入を検討するポイントです。そもそも、介護保険における訪問看護の目的には介護予防・重度化予防を重視する視点が含まれています。医療依存度が高くないからとか、医療処置がないから訪問看護は必要ないではなく、日々の健康管理を行うことが在宅生活を送るうえで重要であることを認識し、導入ポイントを見過ごさないようにしましょう。早期の導入により本人・家族の「日常生活」を医療の専門職として一緒に考え、主治医との連携を図ってくれる**訪問看護は心強い存在**です。

スキル
面接力

スキル
質問力

スキル
分析力

ルール
運営基準

ルール
人員基準

ルール
算定基準

定　義

記　載

BEST!
最適解

連　携

考え方

Q54 ニーズの優先順位のつけかた

ニーズの優先順位はどのようにつけるのか？

A その利用者のそのときの状況で優先順位は決まる。

「課題整理総括表」を活用することによりニーズの案と優先順位を導き出すことができます。しかし、それがそのままケアプランの第2表（居宅サービス計画(2)）におけるニーズの優先順位として転記できるものではなく、それを専門職としての判断であることを利用者・家族に提案し、話し合いながら決めていきます。

ただし、「生命」に関してのニーズは優先順位が高くなることが基本です。利用者の生活上の諸問題を連鎖的に生じさせる悪循環の発端となっていることが多いからです。そのほか、支援に結びつけることにより、利用者の意欲を引き出せるような順位になっているのかを一緒に検討することも大切です。ときには、利用者の意欲を高めるために、あえて本人の関心の深いニーズを優先順位の一番先に置くことも必要でしょう。したがって、**優先順位に決まりはなく**、利用者ごとに異なる**個別性の高いもの**と考えましょう。

Q55 利用者本人が行っていること

利用者本人が行っていることもケアプランに載せたほうがよいのか？

A 利用者がしていること、すること、できていることはセルフケアとして位置づける。

介護保険制度の目的は介護保険法第1条に「その有する能力に応じ自立した日常生活を営むことができるよう……」と、記されているとおり「自立支援」の理念により「セルフケアの推進」が根底にあります。また「利用者がもっている能力」は内的資源ともいわれ、活用に値する「社会資源」でもあります。ケアプラン第2表（居宅サービス計画書(2)）のサービス内容・サービス種別に利用者が行っていることを視覚化し、チーム全員で共有することにより、周囲に

認められている実感を得ることで意欲や潜在能力を引き出すことも
できます。ケアプラン第3表の週間サービス計画表においても「主
な日常生活上の活動」に利用者の行っていることを具体的に記載す
ることでチームメンバーが利用者の生活全般の状況とともにその役
割を把握することができ、共有することが可能となります。

　例えば、「薬を忘れずに飲む」「自分で朝食をつくる」「自分で洗濯
機を使い、ヘルパーに干してもらう」等、具体的でわかりやすい記
載をするとよいでしょう。

スキル
面接力

スキル
質問力

スキル
分析力

ルール
運営基準

ルール
人員基準

ルール
算定基準

定　義

記　載

最適解

連　携

考え方

サービス担当者会議

Q56　サービス担当者会議の後日開催

サービス実施前に、サービス担当者会議の日程調整ができない場合、後日でもよいか？

A 原則は、サービス開始前までに、サービス担当者会議を開催（開始当日でも可）。

しかし、実際には、利用者の体調や緊急性などによって、サービスが先行して導入される場合があります。そのような場合でも、サービスの依頼内容について、電話連絡や書面等などで、事前に専門職から意見照会をします。また、なぜ事前にサービス担当者会議（以下、「担当者会議」という）が開催できなかったのか、支援経過にきちんと記録を残しておき、後日でも、ケアプランの共有と役割分担を確認するため、担当者会議を開催しましょう※。

※　指定居宅介護支援等の事業の人員及び運営に関する基準について（平成11年老企第22号）第二の3(8)

Q57　退院前カンファレンスの担当者会議への置き換え

退院前カンファレンスを、担当者会議に置き換えてもよいか？

A サービス事業者の同意があれば、置き換えられる。

退院前カンファレンスに、在宅側のサービス事業者（医師等も含めて）が参加し、担当者会議に置き換えることに対して、居宅サービス計画書に位置づけられたサービス事業者の同意が得られていれ

ば、置き換えられます。その場合は、ケアマネジャーがケアプランの原案を作成し、会議で提案して同意を得ます。担当者会議の議事録（サービス担当者会議の要点：第4表）も作成します。ターミナルのケースなどは、時間との戦いなので、このようなケースが多いかもしれません。

Q58 担当者会議への医師の参加

担当者会議には、医師の参加は必須ですか？

A 原案に記載したサービス担当者を、担当者会議に招集することはケアマネジャーの義務。

担当者会議は、ケアプランに記載されたサービスの担当者に出席を求めるものですから、医師にも出席依頼をします。ただし、医師に限らずやむを得ない理由のため出席できない場合は文書等による意見照会が可能ですから、その内容をもって当日の出席者と共有することができます（ケアプランの事前作成および送付のため日程にはゆとりが必要です）。

大きな病院などの主治医が担当者会議に出席するのは、現実的には難しいことがほとんどですが、ケアプランと一緒に意見照会用紙（どのような意見が欲しいか、明確に記入しておきます）と返信用封筒を同封して郵送するような工夫によって、返信を得ることができるでしょう。必要に応じて、病院内の医療ソーシャルワーカー（MSW）に協力を依頼してもよいでしょう。

開業医の主治医も外来診療の時間帯や訪問診療にあてている時間帯以外に出席することは難しいと思われます。面会可能な機会を活用したり、電話やFAX、メール等を利用して、あらかじめケアプランに関する意見を聞き取る工夫に努めましょう。また、日頃から**地域で顔の見える関係を築く**ことは、こうした連携に非常に役に立つものです。なお、参加の有無にかかわらず、主治医意見書などの認定情報も参考にするとよいでしょう。

スキル
面接力

スキル
質問力

スキル
分析力

ルール
運営基準

ルール
人員基準

ルール
算定基準

定義

記載

最適解

連携

考え方

Q59

ケアプランに位置づけられた事業者の参加

ケアプランに位置づけた居宅療養管理指導の
事業者の参加は必須か？

A Q58と同様、必須である。

担当者会議には、介護保険サービスの限度額管理外のサービスや
インフォーマルなサービスも、ケアプランに位置づけられている
サービスは、招集（参加要請）が必要です。居宅療養管理指導には、
医師・歯科医師以外にも、管理栄養士や薬剤師などが対象になるこ
とも留意してください。

Q60

担当者会議に家族が不参加の場合 BEST!

開催日の日程調整で、キーパーソンの
家族の参加が困難となった。家族不在のもと
担当者会議を開催することは可能か？

A 参加できない場合には、情報がきちんと伝わる
工夫を行う。

担当者会議は、利用者およびその家族の参加が基本となりま
す※1。利用者の情報を家族や事業所と共有し、今後のケアプラン
に関する合意形成を行う場ですので、できる限り参加できるよう調
整しましょう。最近では、TV電話やオンラインを使って遠方の家
族にも参加してもらえることがあります。さまざまな手段を利用し
てみるのもよいでしょう。どうしても参加ができない場合は、検討
した内容などを正確に伝えられるよう工夫してください。

なお、利用者やその家族の参加が時に望ましくないと判断される
場合（家庭内暴力等）には、必ずしも参加を求めるものではありま
せんが、**その判断根拠や理由等**について支援経過記録に記載するな
どしておく必要があります※2。

※1　指定居宅介護支援等の事業の人員及び運営に関する基準（平成11年厚生省令第38号）第
　　13条第9号
※2　指定居宅介護支援等の事業の人員及び運営に関する基準について　第二の3(8)⑨

Q61

頻度が少ないサービス事業者の参加について BEST!

担当者会議は全職種を招集するのか？
例えば、居宅療養管理指導や通院等乗降介助など、使用頻度が少ないサービスは担当者会議に呼ばなくてもよいか？

 招集する必要がある。

担当者会議は、ケアプランに位置づけた指定居宅サービス等の担当者を招集して行う会議のことです※。ケアプランに記載されている事業者については、**原則全職種を招集する**ことになります（介護保険外サービスについても参加していただくことは望ましいですが、必須ではありません）。やむを得ない理由がある場合については、照会等により意見を求めることができるとされていますが、開催の日程調整を行ったうえで参加が得られない場合などであり、あくまで招集はしなければなりません。

ただし、末期の悪性腫瘍のケースにおいては、この限りではありません（→**Q65**（p. 51参照））。

※　指定居宅介護支援等の事業の人員及び運営に関する基準　第13条第9号

Q62

インフォーマルな支援の担当者会議出席 BEST!

ケアプランにインフォーマルな支援や
介護保険外のサービスを記載した場合、
担当者会議に毎回その関係者（民生委員等）を
呼んで会議を行わないといけないのか？

 必ずしも毎回呼ぶ必要はないが、支援の旨、担当する関係者の了解は得ること。

法令上の解釈からいえば、指定居宅サービス事業者は担当者会議に参加しなければならず、インフォーマルサービスや介護保険外サービスに参加の義務はありません。インフォーマルサービスの場合、個人情報保護の承諾（契約）を得ていなかったりすると守秘義務の問題が生じたり、担当者会議に参加することで、サービス事業

 スキル
面接力

 スキル
質問力

 スキル
分析力

 ルール
運営基準

 ルール
人員基準

 ルール
算定基準

 定　義

 記　載

 BEST!
最適解

 連　携

考え方

者のような義務感や負担感を感じてしまったりなどの課題があります。また、利用者や家族が嫌がる場合もあります。ただし、ケアプランに位置づけたということは、利用者の課題解決に必要な資源であるということです。ケアプランに位置づけたから「呼ぶ」「呼ばない」ということではなく、その担当者会議の目的（新規・更新・状態変化など）に沿って、指定居宅サービス事業者以外のメンバーに出席してもらう必要性があるかどうかを考えていきましょう。

Q63 担当者会議の欠席事業者への意見照会

担当者会議に欠席した事業者へは、
どのように意見照会すればよいか？

A 郵送やFAX等で照会し、記録を残す。

ケアプランの原案を送付し、そのサービス事業者からの意見を、郵送やFAX、電話、メール等で照会しますが、電話の場合でも、記録に残すようにします。意見照会のタイミングは、担当者会議の前（不参加と回答されたとき）です。担当者会議の場で、照会内容を読み上げると、欠席したサービス事業者の意見を、出席者全員（利用者や家族へも）で共有することができます。

Q64 ケアプラン原案の事前送付 BEST!

事前にサービス事業者へケアプランの原案は
送るのか？

A 事前に送ることが望ましい。

担当者会議では、計画書の原案についての意見を各サービスの担当者からも専門的な見地から、意見をもらい、役割分担し計画書を確定させる必要があります。事前に目を通してもらわないと、担当者会議の当日に速やかに意見がもらえないため、必ず事前に送っておきましょう。ケアマネジャーが作成したケアプランの原案をもとに、サービス事業者は、事前に個別援助計画を作成し、担当者会議

に持参し、計画書とすり合わせ、役割を確定します。また担当者会議では、特にどの部分について意見が欲しいのか、事前にお願いして意見をまとめておいてもらうと、会議の進行もスムーズになります。

Q65 担当者会議の省略
ターミナル期において、担当者会議を省略できるのは、どのような場合か？

A 医療と連携し、今後の予後予測が重要。
考え方は以下のとおり。

考え方のポイントとしては、

① 医師（訪問診療の医師等）から1か月以内に日常生活上の障害が発生すると判断されていること。

② 最初の担当者会議で、今後想定されるサービス事業者(例えば、エアマットが必要になりそうな場合、福祉用具の事業者など）をあらかじめ招集しておくこと。

③ 今後の状態の変化（病状の進行や予後など）や支援の方向性な

図 I-3　ケアマネジメントプロセス簡素化のイメージ

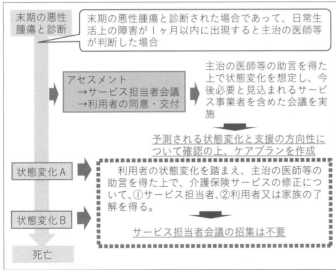

資料　厚生労働省「平成30年度介護報酬改定の主な事項について」

スキル
面接力

スキル
質問力

スキル
分析力

ルール
運営基準

ルール
人員基準

ルール
算定基準

定　義

記　載

BEST!
最適解

連　携

考え方

どをケアプランに落とし込んでおくこと。

今後の病状や予後を予測し、想定される状態に基づき必要となるであろうサービスをケアプランに位置づけておけば、状態が急変しサービス内容などを変更する際に、担当者会議は不要になります。ただし、この場合、利用者・家族とサービス事業者の同意は必要なので注意しましょう。

Q66 担当者会議の開催場所① BEST!

担当者会議は必ず自宅で
開催しないといけないのか？

A 自宅で実施する決まりはない。

利用者や家族の参加しやすさという点においては自宅で実施することが望ましく、生活場面を担当者間で共有することのできる利点もあります。しかし、利用者や家族が参加できるのであれば自宅外の開催であっても、もちろん問題ありません。通院先やショートステイ、デイサービスの利用施設、地域包括支援センター、居宅介護支援事業所など、人数や開催目的などに合わせて場所を設定するとよいでしょう。利用者がターミナル期で調整のための時間が少ない場合等は、病院での「退院前カンファレンス」に在宅のチームが参加することによって、担当者会議に置き換えることもあるでしょう。また、令和3年度の介護報酬改定により、テレビ電話等を活用しての参加も可能となっています。利用者の参加にあたっては、同意を得て実施することとされています（→**Q212**（p. 156参照））。

Q67 担当者会議の開催場所②

担当者会議を介護サービス事業所で
行うことは可能か？

A 可能。

担当者会議の開催場所については、特に定めはありません。居宅

介護支援事業所の面談室や訪問介護サービス事業所、デイサービス事業所で行うことも可能です。ただし、利用者のサービス利用中に開催することには注意が必要です。利用者が会議に出席することにより、サービス時間の算定が変わる（会議中はサービス提供時間から除く）場合がありますので、事業所との連絡はこまめに行うようにしてください。

スキル
面接力

スキル
質問力

スキル
分析力

ルール
運営基準

ルール
人員基準

ルール
算定基準

定　義

記　載

最適解

連　携

考え方

Q68

担当者会議の要点に記載する参加者職種

担当者会議の要点に参加者の職種は必ず記入しないといけないの？

A 記載したほうが専門職ならではの意見の記録としてわかりやすくなる。

　ケアプラン第4表のサービス担当者会議の要点の会議出席者記載欄には「所属（職種）」とあります。担当者会議は専門的な意見を反映し利用者・家族にとってケアプランをよりよいものにしていく機会でもあるため、どういった職種がどのような役割を担っているチームなのか、その職種からどのような専門的意見が聞けたのかを振り返るためにも記載しましょう。

　例えば、○○訪問看護ステーションから、チーム内に看護師および理学療法士といった別の専門職が加わっていることや、リハビリ専門職であっても理学療法士と言語聴覚士の両職種がかかわっていて会議に出席しているというような場合もあるため職種を記載したほうが明確となります。

Q69

残された課題の書き方

担当者会議の要点の残された課題の書き方、内容は？

A 次回への課題を含め、次へつながるイメージをもって書く。

　「残された課題」に関しては、今回の会議では結論が出せないこと（例えば、サービスの利用状況を確認して課題を観察しなければなら

ないなど）は「誰が」「いつまでに」「何をするか」を具体的に記載します。また、今回の会議でまとまらなかった項目や緊急性がないため次回に持ち越した項目なども記載します。必要（ニーズ）があるにもかかわらず社会資源が地域に不足しているためにサービスが利用できなかったり、必要と考えられるが利用者の希望・意思によりサービスの利用に至らなかった場合もその旨を記載し、その解決策の検討を次回の会議につなぎます。特に初回の担当者会議の場合はこれから支援が開始することで状況の変化が見込まれます。適切に評価・リスク管理を行うためにも、モニタリングを含めた次回の開催日をチェックポイントとともに記載します。

Q70 出席者の意見の引き出し方

会議の出席者に意見を求めても「特に大丈夫です」と言われたときどうすればよいか？

A なぜ大丈夫なのか、何について大丈夫なのかを確認する。

司会の役割を担うケアマネジャーとしてまずは冒頭のあいさつや自己紹介など、出席者が意見を出しやすい雰囲気づくりを心がけます。また、消極的な出席者に対しては「サービス内容は短期目標を達成するための内容としていかがでしょうか」とか「サービス内容を実践していくための頻度はいかがでしょうか」というように具体的な質問を工夫し、意見を求めるようにしていきます。その際も「特に大丈夫です」という返答であれば、専門職として大丈夫と言われたその理由を「なぜ、そう思われたのか聞かせていただけますか」と確認することも必要です。そもそも何について「大丈夫」と発言されたのかについても確認してみましょう。

5 モニタリング

スキル
面接力

スキル
質問力

スキル
分析力

ルール
運営基準

ルール
人員基準

ルール
算定基準

定　義

記　載

最適解

連　携

考え方

Q71 サービス事業者へのモニタリング BEST!
サービス事業者へのモニタリングは、
利用状況が変わらなければ、特に必要ないか？

 A 状態が変わらなくても、モニタリングは必要。

　サービス事業者からのモニタリング情報は、積極的に聴取してい
きましょう。ケアマネジメントは、PDCAサイクルで実施されま
す。Cのチェックの部分がモニタリングにあたりますが、ケアマネ
ジャーが作成したケアプランがきちんと実行され、利用者は満足し
ているか、効果はどうだったか、目標は達成されたか等のモニタリ
ングをするのは、ケアマネジャーだけで行えるものではなく、サー
ビスを実行している事業者からも確認する必要があります。チーム
の一員として、ときにケアマネジャーより利用者のことを把握して
いることも多く、共に目標に向かうメンバーとしての所見や判断を
確認することは、チームケア推進の意味でも価値の高いものです。

Q72 利用者から口止めされた場合
モニタリングでサービスに関する不満を聞いた
が、利用者は事業者には伝えないでほしいと
いう。どうしたらよいか？

 A 利用者の「不満」の内容に応じて判断する。

　苦情なのかクレームなのかを聞き分けたうえで、なぜ伝えないで

ほしいのか、その理由を聞いてみましょう。不満足であることをケアマネジャーに話し、自分の気持ちを聞いてもらうことで満足しているのかもしれません。また、サービスに関する不満だと思って聞いているうちに、自分自身の機能低下を悔しく思っていることがわかったり、実は根底に家族関係のつらさがあったりすることもあります。「**なぜそう思うのか**」に、耳を傾けましょう。

なお、「事業者には伝えないでほしい」と言われても、内容によっては（病状悪化が予想されたり、危険を伴っていることなど）ケアマネジャーとしての判断や理由を示し、利用者や家族から了解を得てサービス事業者へ伝えましょう。伝えた結果、サービス事業者からどのような反応があったかも、きちんとフィードバックします。お互いの誤解がなく、サービス事業者と利用者や家族との関係性が壊れないように支援しましょう。

5 モニタリング

Q73 服薬に問題点があることを把握 🔖
訪問時に薬が飲めていない状況を把握しましたが、これは医師に報告すべきでしょうか？

A 服薬ができていない場合は、原則、医師に報告・連絡・相談する。

平成30年の介護報酬改定において、医療と介護の連携強化が図られています。運営基準が変更され、ケアマネジャー自身が把握した状況や、サービス事業者等から得た医療情報（服薬状況や口腔機能、心身状況の変化等）については、主治医や歯科医師、薬剤師に情報提供を行わなければならなくなりました※。

問いのような場合、利用者の同意を得て、主治医に報告しなければなりません。

また、令和3年度の介護報酬改定で、通院時にケアマネジャーが利用者と同席し、情報提供を行い、医師等から利用者に関する情報提供を受けることで「通院時情報連携加算」が算定できるようになったため、この機会も活用できます（→Q226（p. 167参照））。

※ 指定居宅介護支援等の事業の人員及び運営に関する基準（平成11年厚生省令第38号）第13条第13号の2

Q74

利用者の思いの受け止め方 !

毎回訪問で同じことを何度も話すため
聞きたいことが聞けず、
話したいことが話せず困ってしまう。

A 利用者がなぜ毎回同じ話をするのか、
その理由の分析が必要。

　もしかしたら認知症の症状なのかもしれませんし、あるいは苦情を伝えているのに改善してくれないというケアマネジャーに対する不満の表れなのかもしれません。まずは訴えを受け止めて「それはとてもつらいことでしたね」「そのときはとてもうれしかったのですね」と、気持ちを共有することで満足され、納得することもあります。**要約やリフレーミング**といった面接技術をうまく活用してみてください。まずは、利用者の話したいことや伝えたいことをいったん受け止め、そのうえで、「今日はこのこと（できるだけ具体的に）をお尋ねしたくて（お伝えしたくて）参りました。お時間をいただけますか？」と相手に尋ねてみます。話を区切ることで、「<u>今度は私が話をしたい</u>」というメッセージになります。

Q75

家族の思いの受け止め方 !

自宅訪問しても家族がずっと話していて、
なかなか利用者本人の話が聞けない。

A 家族がなぜずっと話しているか、
その理由を分析する。

　Q74と同様です。例えば、認知症や言語障害がある利用者等の場合、家族が「きちんと、お答えしなくては……」と、利用者に代わって次々に質問に答えることは少なくありません。また、単に寡黙な男性でもともと話が苦手なため、家族（妻）が常に会話の中心にいた方なのかもしれません。世間体を気にして「恥ずかしいことや余計なことを言わないように」と、利用者が話すことを抑止してしまう家族もいます。まず、「今日はこのことをご本人にお尋ねしたくて（お伝えしたくて）来たのですが、ご本人とお話しさせていただくお

スキル
面接力

スキル
質問力

スキル
分析力

ルール
運営基準

ルール
人員基準

ルール
算定基準

定　義

記　載

BEST!
最適解

連　携

考え方

時間をいただけますか？」と相手にお願いしてみましょう。介護負担が蓄積されているあまり、介護の大変さをわかってくれるケアマネジャーにとにかく聞いてほしいのか（そのために訪問を心待ちにしてくれているのかもしれません）、利用者と話をさせたくないわけがありそう（虐待ケースなど）なのか、理由や背景がわかると、適切な対応や面接の組み立てがしやすくなるでしょう。可能であれば、自宅内でも別室で利用者とだけ話してみたり、通所サービスや短期入所を利用されている方であれば、サービス利用時に利用者と直接話す機会をもつなど、工夫をしてみましょう。

モニタリングで確認すること

Q76 モニタリング訪問時に確認すべき内容って？

A モニタリングの目的は、居宅サービス計画の実施状況を把握すること[1]。

訪問時には次のような内容を把握するとよいでしょう[2]。

① 居宅サービス計画どおりにサービスが提供されているか。

② ケア内容・サービス種別が適切か否かの確認。

③ 個々の生活ニーズに対する目標が達成されているかどうかを確認する。

④ 総合的な援助の方針に沿った支援となっているかを確認する。

⑤ 居宅サービス計画の内容を修正する必要があるかどうかを判断する。

訪問時の変化や状況を記録することがモニタリングではありません。作成した居宅サービス計画が課題解決への有効な手段となっているかを確認することがモニタリングとなります。なお、特に状態変化がない場合であっても上記の5項目について、**ケアマネジャーの判断を記載する**ようにしましょう。

[1] 指定居宅介護支援等の事業の人員及び運営に関する基準　第13条第13号

[2] 介護支援専門員実務研修テキスト作成委員会編『七訂 介護支援専門員実務研修テキスト　上巻』一般財団法人長寿社会開発センター、2018、p. 546

Q77

有料老人ホーム等の施設入居者に月1回は
必ず訪問しモニタリングを行っているが、
認知症があり利用票等の理解が難しい場合は
家族にも訪問が必要か？

A 必ずしも訪問の必要はないが、家族への情報提供
は必要。

基本的に施設職員など、普段の状況を把握されている利用者から
の情報を入手しているのであれば、必ずしも家族に訪問する必要は
ないと思います。ただし、施設職員とも相談のうえ、必要に応じて
利用者の状況を説明するなど、定期的に連絡を取ることは必要と思
われます。例えば、利用票を家族にも郵送するなど、適宜家族へ情
報提供を行うことも必要なことです。

Q78

ケアマネジャーがインフルエンザで
出社できず、モニタリング訪問できないときは
どうしたらよいか？
月末で訪問日を最終にしていた場合（家族都
合）や体調不良で出勤すらもできないときなど。

A こちらの都合なのか、利用者（や家族）の
都合なのかで対応は変わる。

ケアマネジャーは「特段の事情」がない限り、月1回以上の居宅
訪問とその記録が義務づけられています。ここでの「特段の事情」
とは、「**利用者に起因するもの**」と定められています。利用者都合
の場合は、理由を経過記録に記載したうえで、訪問可能となった段
階で速やかにモニタリング訪問を実施します。

利用者都合ではなく、月1回以上のモニタリング訪問ができな
かったら運営基準に照らし合わせて減算扱いとなりますので、しか
るべきレセプト処理をしてください。ただし、そもそも契約は事業
所として行っているわけですから、このような理由の場合は管理者

スキル
面接力

スキル
質問力

スキル
分析力

ルール
運営基準

ルール
人員基準

ルール
算定基準

定 義

記 載

BEST!
最適解

連 携

考え方

やほかのケアマネジャーがモニタリングのための訪問ができないか検討しましょう。利用者がどうしても担当のケアマネジャーでないと困る、という場合が「特段の事情」にあたるのかなど、保険者ごとに基準や条件が異なりますので、確認をしてください。

Q79 モニタリングと再アセスメントの違いを教えてほしい。

A 再アセスメントはケアプランの変更の必要性が生じたら実施するもの。

　モニタリングとは、ケアプランが実施されたあと、サービス供給の適合性（ニーズとサービスの適合・不適合）を判断するために、ケアマネジャー自身が実施するものや、サービス事業者から情報収集するものなどがあり、ケアプランの目標が達成できているかを評価するものです。居宅の場合、暦月ごとに少なくとも1回以上は利用者の自宅に訪問して実施し、その結果を経過記録に記載することが義務づけられています。

　再アセスメントとは、モニタリングを通じて、心身の状態や活動・参加の状態といった生活機能や利用者をとりまく環境が変化してケアプランを変更すべき状態変化が出現していると判断され、ケアプランの変更の必要性が生じたら再度アセスメント（状態にどのような変化があり、ニーズがどのように変わったかの再分析）を実施することをいいます。再アセスメントの記録は課題分析標準項目を網羅している必要性があります。

モニタリングの要件

Q80 事業所へ訪問することで、モニタリングを行ってもよいか？

A 事業所訪問だけでは、運営基準上の要件は満たさない。

　利用者のサービス利用状況を確認するという意味では、事業所へ

訪問し、情報収集することは大切なことです。その場合、事前にアポイントを入れるなどの配慮も忘れずにしましょう。ただし、事業所へ訪問することだけでは、運営基準上のモニタリングにはなりません※。モニタリングは以下の要件を満たす必要があります。

① 少なくとも1月に1回、利用者の居宅を訪問し、利用者に面接すること。

② 少なくとも1月に1回、モニタリングの結果を記録すること。

モニタリングの要件を満たすには、必ず居宅への訪問が必要となることは覚えておきましょう。

※ 指定居宅介護支援等の事業の人員及び運営に関する基準　第13条第14号

Q81 サービス利用のない利用者へのモニタリング

契約を行ったが、サービスを利用していない利用者に対し、毎月のモニタリングは必要か？

A 運営基準上は必要ない。

サービスを利用していない場合、給付管理を行わないため居宅介護支援費の請求はできません。相談支援の一環として訪問したり、必要に応じて電話などで「お変わりはありませんか？」とうかがうことも大切ですが、基準上、毎月のモニタリングは必須ではありません。

Q82 モニタリングにおける状態像の変化の記載

利用者の状態が変わりなかった場合、文例などつくっておき入力を簡略化する人もいるが、変化がなければそのような記載方法でもよいのか？

A 簡略化でもよいが、その都度の固有の情報も付加したい。

モニタリング訪問において重要なポイントとして**変化を見逃さ**<u>ないこと</u>が挙げられます。

スキル 面接力

スキル 質問力

スキル 分析力

ルール 運営基準

ルール 人員基準

ルール 算定基準

走義

記載

BEST! 最適解

連携

考え方

例えば、利用者の健康状態、表情や仕草、身体の動き、薬の変更、整容の状況、介護者の健康状態、家屋環境……。それら「身体的変化」「社会・環境的変化」「精神的・心理的変化」など利用者・家族の日常生活上において、さまざまなところから起きてくる小さな変化を的確にとらえ評価するためにも月１回以上、居宅を訪問し面接することが運営基準に示されています※。

一つの側面に焦点を合わせれば変わりがなくても、また別の側面には<u>新たな変化が発生している可能性がある</u>という視点をもつことが大切です。ケアマネジャーの主観だけで「毎回変わらない」と決めてしまうのではなく、各サービス提供事業者に確認したこと、主治医からいただいた情報、そして利用者・家族の言葉等を記載することで訪問時には見えていなかった変化が明らかになることもあり、それが現状の支援を継続するのか、修正するのか、また目標段階をあげていくのかを検討していく根拠となります。

利用者・家族との面接やコミュニケーションの時間に重点を置くため、事務作業の簡略化を図ることは必要なことです。しかし、記録は自分自身の作成した居宅サービス計画を吟味する重要な手がかりとなります。記録様式に指定はありませんので、あらかじめつくっておいた文例を活用することも可能ですが、そこに固有の情報を付加していくことを心がけることは必要です。

※　指定居宅介護支援等の事業の人員及び運営に関する基準　第13条第14号

Q83 モニタリングの記載

支援経過でのモニタリングでは、何を記入したらよいか？

A 適切なケアプラン遂行のチェックと考え記入する。

モニタリングはケアマネジャーが作成した原案をチーム全体で刷り合わせた結果である「ケアプラン」の実施状況を継続的に把握することとされています。運営基準には「少なくとも１月に１回、モニタリングの結果を記録する」※との記載があるためその記録はケアマネジャーとしての責任でもあります。定期的なモニタリングを

通じて継続的にアセスメントを重ね、ケアプランの軌道修正を早期に行うためにも明確に記載することが必要です。サービスの提供状況、利用者・家族の満足度や意向、目標の達成度、サービス種別・内容の適正度、新たなニーズ発生の有無、ケアプランの変更の必要性、担当者会議開催の必要など、項目ごとに記載することで適切なケアプランの遂行になっているかの効果測定につながります。

※ 指定居宅介護支援等の事業の人員及び運営に関する基準　第13条第14号

Q84 利用者・家族の真意が聞けないとき
変化にケアマネジャーが気づいているのに、利用者・家族から真意を聞けないときは？

 A ケアを提供しているチームからの情報提供も大事であり必要。

　真意を聞けない理由は、それぞれあるかとは思いますが、例えば利用者支援のチームとして訪問介護の担当者であれば真意を聞ける場合もあるなど、サービス事業所の担当者からも利用者の変化についてモニタリングをするようにしましょう。

　なお、変化の有無に限らず、何かしらの違和感を感じた際には、そのままにしないで、その裏にある利用者・家族の真意を聞かせてもらえるようにさまざまな工夫を重ねる姿勢がケアマネジャーにとって大切です。

 スキル
面接力

 スキル
質問力

 スキル
分析力

 ルール
運営基準

 ルール
人員基準

 ルール
算定基準

 定　義

 記　載

 BEST!
最適解

 連　携

 考え方

第2章

ケアマネジメント
実務編

2

1 書類作成業務

Q85 保険証のコピー

サービス事業所から、「保険証のコピーをください」とよく言われる。保険証や負担割合証は、必ずコピーをとらなくてはいけないか？

A 運営基準上、コピーの保管は義務づけられていない。

ただし、保険証の原本の確認は必須です。確認した事実と確認日・介護保険情報（要介護度や有効期間など）を記録にきちんと残しておく必要はあります。また、本来サービス事業所においても、サービスの利用にあたり、保険証の確認は義務づけられているので、安易にコピーを渡してはいけません。また、コピーをとったり、サービス事業所に渡す場合も、利用者に同意を得てから行いましょう。

Q86 利用票・提供票の再作成

利用票・提供票はサービス変更のあるたびに作成し直す必要があるか？

A サービスに変更があれば必要。

ケアマネジャーが作成するケアプランに基づいてサービスが実行されます。利用票・提供票は、それを具体的に毎月落とし込んだものです。したがって、ケアマネジャーが作成した利用票・提供票が違っていれば、サービス事業者が勝手にサービスを提供したことになってしまいます。サービスの変更があったら、修正した利用票を

お渡しし、提供票は速やかに事業所に送付します。

Q87 要支援の場合の利用票・提供票

要支援の場合、利用票・提供票は
作成しなくてよいのか。

A 帳票がないので必須ではない。

　利用者・家族やサービス事業所、ケアプラン作成者がサービス量
や内容の共有のために必要であれば、作成してもよいでしょう。地
域（保険者）によっては、改正後も通例として継続されている場合
もありますので、各保険者のルールを確認しましょう※。

※　介護制度改革 information Vol.80「平成18年4月改定関係Q＆A（Vol.2）について」24

Q88 入院時情報提供書

入院時情報提供書を入院先に提出する場合、
利用者や家族の同意は必要か？

A 原則は、利用者や家族に同意を得てから
情報提供する。

　ただし、虐待や精神疾患があり、利用者や家族に同意を得ること
が難しいが、入院先に情報提供が必要な場合は、同意を得ていない
旨を記したうえで、情報提供しましょう。情報を提供する病院側に
も、同意を得られていないことを確認しておきましょう。

スキル
面接力

スキル
質問力

スキル
分析力

ルール
運営基準

ルール
人員基準

ルール
算定基準

定　義

記　載

最適解

連　携

考え方

Q89

押印ではなく、サインでも大丈夫なのか BEST!

帳票類は印鑑ではなく、サインで同意を取り付けたことになるのか?

A 通常は、サインでも同意を取り付けた証明になる。

重要なことは「利用者が同意した」という証明です。印鑑がなければサインでよいでしょう。また、令和3年度の改定により、利用者への説明・同意について見直しが行われ、書式によっては押印欄が削除されました（→**Q213**（p. 157参照））。よって、サインのみでの同意取り付けとなる帳票類が増えることが想定されます。しかしながら、保険者ごとに判断が異なることがありますから、確認をしたほうがよいでしょう（例えば、署名欄に印の印字がある場合は「署名捺印が必要」など）。

Q90

代筆できる方がいなかった場合の代行 BEST!

身寄りのない利用者が、視覚障害や上肢機能低下のため、署名ができないとき、利用者が望めば、地域包括支援センターの職員やケアマネジャー、ヘルパー等が代行してもよいのか?

A 代筆する人によって記入方法が違う。

一般に「代筆」と言われる場合には、①利用者が契約の内容を確認し了解したが、身体的な理由などで署名ができないので、誰かが代わって署名をするような場合と、②利用者は契約の内容や細かいところまでを理解し了解しているわけではないが、利用者が第三者に契約締結の「代理権」を与えており、その「代理人」が契約書に署名をする二つの場合があります。①の場合、問題なく契約は成立します。単に本人の手足として第三者が動いたにすぎず、契約の成立（合意の成立）は、間違いないからです。ただし、このような場合でも、利用者が同席のうえ、第三者の立会いを求めるなど、後か

ら証明できる形をとっておくとよいでしょう。②の場合は、仮に利用者が契約締結に関する権限を第三者に委任しており、第三者に代理権がある場合、第三者は代理人として利用者の代わりに署名することができます。しかし、その場合は、代理人であることを示して行います。これを「顕名」といい、具体的には「山田太郎　代理人　山田花子」といった形で、本人名と代理人名の両方を書きます。

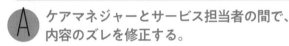

Q91 個別計画書とケアプランの内容にズレがある場合
個別計画書とケアプランの内容にズレがあるときはどうしたらよいか？

A ケアマネジャーとサービス担当者の間で、内容のズレを修正する。

　個別計画書とは、ケアプランに基づいた目標を達成するためのサービスを担当する事業者が、それぞれの担う役割を果たすために細かく目標やケア内容を記したものです。ズレがある場合は、ケアプランの目標や役割が共有されていなかったり、理解されていなかったりという原因が考えられるので、なぜそうなってしまったのか確認が必要です。例えば、その原因に各々のアセスメント結果の相違があるのならば、意見交換等によってどちらかが修正する必要があるでしょう。そうしたズレを修正することも、担当者会議の役割の一つです。会議でしっかりと検討し合意形成するためには、ケアプラン原案を担当者会議の前に事前送付することが役に立ちます。ケアマネジャーが作成したケアプラン原案をあらかじめ各事業者内で検討してもらい、理想的にはその結果を個別計画書に反映させたものを持ち寄ってもらえるとよいでしょう。

スキル
面接力

スキル
質問力

スキル
分析力

ルール
運営基準

ルール
人員基準

ルール
算定基準

定 義

記 載

BEST!
最適解

連 携

考え方

個人情報使用同意書 BEST!

新規の依頼を受けた際、個人情報使用同意書を取らなければ、利用者の情報を扱えないのか?

A 個人情報の同意は口頭でも成立するが、書面のほうが望ましい。

　個人情報を取り扱うには、「利用目的の特定」「利用者の同意」「安全管理措置」が必要となります。利用者の同意については、利用者の承諾する旨の意思表示を、個人情報取り扱い事業者が認識することをいいますが、それは書面に限ったものではありません。ガイドライン※には、書面のほかに「口頭による意思表示」「メールの受信」「確認欄へのチェック」「ホームページ上のボタンのクリック」「音声入力やタッチパネル」などが例示されています。個人情報を使用する場合には、使用目的を特定したうえで、何かしらの方法で利用者の承諾を得る必要があります。

　書面で同意を得ることのメリットは、利用目的を明確に示し、お互いの合意を形に残すことにあります。例えば緊急に、口頭で確認を得た場合でも、後日個人情報使用同意書を得るということはトラブルを防ぐことになります。

　また、安全管理措置については、職員が退職した後も情報を漏らさないようにする取り組みなどが求められますので、情報の取り扱いには注意してください。

※　個人情報保護委員会・厚生労働省「医療・介護関係事業者における個人情報の適切な取扱いのためのガイダンス」

Q93

マイナンバーの扱い

マイナンバーをアセスメントシートに控えてもよいか?

A マイナンバーを控えてはいけない。

　介護認定の代行申請など、代理権の範囲内においては、利用者のマイナンバーを知り得る機会はあります。ただし、その範囲を超え

てマイナンバーを取り扱うことは認められていません。例えば、介護保険の代行申請を行う際にマイナンバーを記載することはありますが、その書類のコピーを取ることや、アセスメントシートに控えるなどの行為は認められていません。違反をした場合、特定個人情報保護委員会の措置命令やそれに背いた場合の罰則の対象となる可能性※もありますので、取り扱いには十分に注意してください。

※　介護保険最新情報Vol.506　介護保険分野等における番号制度の導入について（依頼）
　 9. Q&A 問3

Q94 訪問看護指示書の依頼
主治医への訪問看護指示書の依頼は誰が行えばよいか？

 基本的には利用者・家族が行う。

　訪問看護の必要性を利用者・家族が理解し、利用を希望した場合、「介護支援専門員は、（中略）利用者の同意を得て主治の医師等の意見を求めなければならない」※と運営基準に明記されており、主治の医師等がその必要性を認めたものに限られるとされています。そのうえで、訪問看護は実際のサービス開始前に、主治の医師等からの指示内容を確認しなければならないこと、その指示書作成に関して医療保険での料金算定が発生することも利用者・家族に理解を求め、指示書の依頼は、サービス導入に対する自己決定の尊重の理念からも、原則、**第一報は利用者・家族から**と説明します。

　ただし、利用者・家族からの依頼がどうしても困難な場合はケアマネジャーや訪問看護が行うことも可能ですし、依頼に関するフォローは行います。

※　指定居宅介護支援等の事業の人員及び運営に関する基準（平成11年厚生省令第38号）第13
　 条第19号

 スキル
面接力

 スキル
質問力

 スキル
分析力

 ルール
運営基準

 ルール
人員基準

 ルール
算定基準

 定義

 記載

 BEST!
最適解

 連携

 考え方

Q95 フェイスシートとアセスメントシートの違い

フェイスシートとアセスメントシートが同じ業務の繰り返しのように感じるが、必要な理由は?

A 内容、役割が違うシートなので繰り返しではない。

課題分析標準項目として「基本情報に関する項目」と「課題分析（アセスメント）に関する項目」が提示されています※。

「基本情報に関する項目」は利用者の氏名・住所・生年月日・年齢をはじめ9項目から構成され、利用者の基本的情報が記載してあり、このシートを「フェイスシート」と呼ぶこともあります。

「課題分析（アセスメント）に関する項目」は14の項目があり、ケアマネジャーのケアプラン作成にあたって現状の課題と要因を分析しニーズを抽出するための根拠となる情報として記載します。

この両項目をあわせて厚生労働省は課題分析標準23項目として整理しており、ほかのアセスメントシートを用いる場合も最低限の情報として備わっていることが必要とされています。また、フェイスシートとアセスメントシートが一つにまとめられた様式もありますが、その内容、役割が違うため、同じ業務の繰り返しではありません。

※ 介護サービス計画書の様式及び課題分析標準項目の提示について（平成11年老企第29号）

Q96 更新の結果が出ていない……

特殊寝台を利用している利用者の認定の有効期間が切れてしまうにもかかわらず、更新の結果が出ていないときは、どう対応すればよいか?

A 更新結果の進捗の把握と、利用者・家族へ説明が必要。

更新結果が出ていないときは国民健康保険団体連合会への請求はできませんので、基本的に結果が出るまで請求は保留になります。

ただし支援は継続しているので、暫定でのケアプラン作成は必要となります。例外給付を除き、特殊寝台は要介護2以上である場合に貸与の対象となります。暫定ケアプランを作成する際、要介護度が下がることも想定し、自費や例外給付などの可能性も含め、利用者・家族へ説明してください。

　また、担当者会議を開催するなど、一連のケアマネジメントプロセスを行う必要があります。

スキル
面接力

スキル
質問力

スキル
分析力

ルール
運営基準

ルール
人員基準

ルール
算定基準

定　義

記　載

最適解

連　携

考え方

Q97 初回加算の算定① ¥

ほかの居宅介護支援事業所から利用者を
引き継いでほしいと依頼され、ケアプランを
そのまま引き継いだ。サービス担当者会議は
行わなかったが、初回加算を算定してよいか？

 初回加算は算定できない。

　ほかの事業所からプランを引き継いだ場合、内容が変わらないと
しても、引き継いだ事業所の担当ケアマネジャーがサービスの必要
性等を判断しなくてはなりません。そのため、アセスメントを改め
て行い、担当者会議を開催し、専門的見地から各サービス事業者に
意見を求めることになります。初回加算はこの一連の業務について
の加算になりますので、担当者会議を開催しない場合には、算定す
ることはできません。加算どころか、急な引き継ぎで担当者会議を
開催できず、意見照会も行わない場合は、運営基準減算となります。

　初回加算は「新規」に居宅サービス計画を作成する場合に算定す
ることが可能です。この場合の「新規」とは、①初回、②要介護状
態の2区分以上変更、③同一事業所で過去2か月以上居宅介護支援
を提供していない、④他事業所からの担当変更、⑤転居等による保
険者の変更、が該当します。一方で、同一事業所内の担当変更は該
当しませんので、注意してください。

Q98

初回加算の算定② ¥

契約はしたが、サービス利用がなかった利用者
がいる。半年後や１年後などにサービスを
利用することになった場合、初回加算は
算定できるか？

A 初回加算は、新規に給付管理が発生する利用者
について算定することができる。

　初回加算における「新規」とは、過去２月以上、当該居宅介護支
援事業所において居宅介護支援を提供されておらず、居宅介護支援
費が算定されていない場合に、当該利用者に対して居宅サービス計
画を作成した場合を指します※。問いの場合、一連のケアマネジメ
ントプロセスを経てサービスを導入するのであれば、この要件に該
当しますので、初回加算を算定することができます。

※　介護保険最新情報Vol.69　平成21年４月改定関係Ｑ＆Ａ（Vol.1）問62

Q99

初回加算の算定③ ¥

要介護状態区分が２区分以上変更された場合の
初回加算については、要介護１→要介護３、
要介護３→要介護１など増減どちらでも算定
できるのか？

A ２区分以上の変更については、増減の定めはなく、
初回加算を算定することができる。

　ただし、初回加算を算定するための要件は、新規にケアプランを
作成することです※。この場合においても、再アセスメントからサー
ビス担当者会議の開催まで、<u>一連の業務を行う必要があります</u>
ので、注意してください。

　また、要支援認定から要介護認定が出た場合、逆に要介護認定か
ら要支援認定が出た場合には、２区分以上の変更にかかわらずプラ
ンが初回となるため、初回加算を算定することができます。

※　指定居宅介護支援に要する費用の額の算定に関する基準（平成12年厚生省告示第20号）別
　表のロ

スキル
面接力

スキル
質問力

スキル
分析力

ルール
運営基準

ルール
人員基準

ルール
算定基準

定　義

記　載

BEST!
最適解

連　携

考え方

Q100 初回加算と同時算定できる加算

初回加算と退院・退所加算、入院時情報連携加算は同月に算定できるのか?

A 初回加算と退院・退所加算は、同月に算定できない。

初回加算と退院・退所加算の両方に該当する場合には、居宅介護支援事業所にて妥当なほうを選択し、どちらかの加算を一つだけ算定します。また、初回加算と入院時情報連携加算は、同月に算定可能です。入院時情報連携加算と退院・退所加算も同月に算定可能です。

Q101 初回加算と退院・退所加算

初回加算と退院・退所加算の両方の要件を満たす場合、どちらを優先して算定するのか?

A 決まりはない。

どちらかを優先するのではなく、制度上は同時に算定ができないだけです。どちらを算定するのか考える際に参考になるのは、算定できる単位数です。現在のところ、退院・退所加算のほうが算定できる単位数は高いので、より見合った加算を選択すればよいでしょう。

Q102 送迎加算の算定

病院や施設から直接ショートステイを利用する場合、送迎加算は算定できるか?

A 算定できない。

送迎加算とは、「その居宅と指定短期入所生活介護事業所との間の送迎を行う場合」、送迎加算として算定ができるものなので※、病院

や施設からの送迎については加算の算定はできません。ただし、利用者の居宅が当該指定短期入所生活介護事業所の「通常の送迎の実施地域」にない場合は、送迎にかかる費用のうち「通常の送迎の実施地域」内における送迎の費用を超える部分の費用の支払い（自費）を受けることは可能です。

※　指定居宅サービスに要する費用の算定に関する基準（平成12年厚生省告示第19号）別表の8の注13

スキル
面接力

スキル
質問力

スキル
分析力

ルール
運営基準

ルール
人員基準

ルール
算定基準

定　義

記　載

BEST!
最適解

連　携

考え方

Q103　ターミナルケアマネジメント加算① ¥

ターミナルケアマネジメント加算の算定は事前に申請が必要か？

 保険者への申請が必要。

特定事業所加算と同様に、事前に保険者へ申請しておかないと、実際に、加算条件が当てはまっても、算定できません。特定事業所加算を申請していない事業所でも、24時間の連絡体制があるなどの算定する要件を満たせば、申請できます。

Q104　ターミナルケアマネジメント加算② ¥

ターミナルケアマネジメント加算は死亡月に算定することになっているが、1日に亡くなった場合は、給付が発生しない場合もある。その場合は、最終訪問月に算定は可能か？

 算定可能。

ターミナルケアマネジメント加算の解釈通知※に「利用者の居宅を最後に訪問した日の属する月と、利用者の死亡月が異なる場合には、死亡月に算定することとする」とありますが、問いのとおり、1日に死亡されると、死亡月に訪問ができないことがあり最終訪問月と死亡月が異なります。さらに、ほかの介護保険でのサービスの

利用もなく、死亡月に給付管理が発生しない場合は、「利用者の居宅を最後に訪問した日の属する月」に算定することとなります。

※ 居宅介護支援費に係るターミナルケアマネジメント加算の取扱いについて（平成30年4月13日事務連絡）

図2-1　ターミナルケアマネジメント加算の取扱い

6月分として算定する

5月

6月

29日	30日	31日	1日	2日	3日	4日
CM訪問		CM訪問		サービス有り		死亡 サービス有り

5月分として算定する

5月

6月

28日	29日	30日	31日	1日	2日	3日
CM訪問			CM訪問	死亡 サービス無し		

Q105　ターミナルケアマネジメント加算③ 📖 ¥

ターミナルケアマネジメント加算の算定要件では、24時間対応可能にしておかなければいけないが、特定事業所加算を算定していなければいけないか？

 特定事業所加算の算定は必要ない。

　以下の要件を満たせば、特定事業所加算の算定をしていない事業所でも、事前に保険者へ加算の申請をしておけば、ターミナルケアマネジメント加算の算定は可能です。

① 対象は、末期の悪性腫瘍であって、在宅で死亡した利用者（在宅訪問後、24時間以内に在宅以外で死亡した場合を含む）。

② 24時間連絡が取れる体制を確保し、かつ必要に応じて居宅介護支援を行うことができる体制を整備。

③ 利用者またはその家族の同意を得たうえで、死亡日および死亡日前14日以内に2日以上居宅を訪問し、主治の医師等の助言を得つつ利用者の状態やサービス変更の必要性等の把握、利用者への支援を実施。

④ 訪問により把握した利用者の心身の状況等の情報を記録し、主治の医師およびケアプランに位置づけた居宅サービス事業者へ提供。

スキル
面接力

スキル
質問力

スキル
分析力

ルール
運営基準

ルール
人員基準

ルール
算定基準

定 義

記 載

BEST!
最適解

連 携

考え方

Q106 介護予防プランの担当件数 💴

介護予防プランは、何件まで担当できるか。その場合、担当の総数が45件を超えても、逓減にならないのか？

 担当件数の総数が、45件を超えてはいけない。

以前は、介護予防プランは、8件までという上限がありましたが、現在は、上限はありません。担当の総数は、常勤換算で、一人当たりの件数が、45件を超えると報酬が減るという逓減制となっています（居宅介護支援費（Ⅱ）の場合：ICTの活用または事務職員の配置を行っている場合）。介護予防プランの取り扱い件数の算定方法は、介護予防支援受託件数に2分の1を乗じた数を全体の利用者の総数に加えます。その総数が、45件未満であれば、居宅介護支援費（Ⅱ）（ⅰ）が算定できます。総数が45件を超え60件未満であれば居宅介護支援費（Ⅱ）（ⅱ）、60件以上だと、居宅介護支援費（Ⅱ）（ⅲ）の算定となります。居宅介護支援費（Ⅰ）の場合は、45件ではなく40件を超えると逓減となります。例1（p. 80参照）およびQ225（p. 166）を参照してください。

【例1　居宅介護支援費（Ⅰ）の場合】

常勤一人当たりの件数が、
・35件＋介護予防8件→39件〔居宅介護支援費（Ⅰ）（ⅰ）を算定する〕
・35件＋介護予防10件→40件〔居宅介護支援費（Ⅰ）（ⅱ）を算定する〕

【例2　居宅介護支援費（Ⅱ）の場合】

常勤一人当たりの件数が、
・35件＋介護予防8件→39件〔居宅介護支援費（Ⅱ）（ⅰ）を算定する〕
・35件＋介護予防20件→45件〔居宅介護支援費（Ⅱ）（ⅱ）を算定する〕

Q107　利用者の入院、death亡に伴う減算について　¥

緊急に利用者が入院してしまった場合や死亡してしまった場合に、利用者宅を訪問できなくなった。減算の対象となるか？

A 利用者側の事情であれば、特段の事情に該当する。

　利用者の事情により、利用者の居宅を訪問し、面接することができない場合を「特段の事情」といいます※1。保険者による判断の違いもありますので、訪問できない具体的な状況を記録するとともに、保険者へ相談しましょう。「特段の事情」については、あくまで利用者側の事情であり、基本的に事業者側の都合や理由は「特段の事情」にはなりませんので、注意してください。

　また、入院・入所となった場合についても、一概にモニタリングをしなくてよいというわけではありません※2。何もしなくてよいということではなく、家族との面談や、入院先を尋ねるなどの対応を検討してください。

※1　指定居宅介護支援等の事業の人員及び運営に関する基準について（平成11年老企第22号）第二の3(8)⑭

※2　介護保険最新情報Vol.155「介護保険制度に係る書類・事務手続きの見直し」に関するご意見への対応について　Ⅰの1(4)

Q108 利用者の死亡と報酬請求 ¥

利用者が死亡していたため、介護サービスを提供できなかった。警察に通報したあと、事情聴取を受けるなど一定の時間を拘束されたが、介護報酬を請求することは可能か？

A 請求することはできない。

介護保険法においては、利用者が指定居宅サービス事業者から指定居宅サービスを受けた場合に、報酬を請求することができると定めています※。問いの場合、サービス提供が行えていませんので、報酬を請求することはできません。

※ 介護保険法（平成9年法律第123号）第41条第6項

Q109 利用者の訪問拒否と報酬請求 ¥

利用者がヘルパーの訪問を拒否し、家に入れてもらえなかった。その対応に時間がかかったが、報酬を算定することができるか？

A 指定居宅サービス以外の対応について、報酬を請求することはできない。

実際のサービスが提供できなかった場合は、算定することはできません（→Q108参照）。

ケアマネジャーは、拒否の理由について利用者や家族に確認を取るとともに、今後の対応について事業者と検討していきましょう。

スキル
面接力

スキル
質問力

スキル
分析力

ルール
運営基準

ルール
人員基準

ルール
算定基準

定義

記載

BEST!
最適解

連携

考え方

Q110

利用者の不在と報酬請求 📖 ¥

生活援助でのサービス提供時、ヘルパーが自宅に到着した途端に利用者が出かけ、不在となった。サービスを続行し、数十分後に利用者が戻ってきた。このような場合、報酬の算定は可能か？

A 利用者不在中のサービスは算定できない。

生活援助でのサービス提供を受ける場合には、利用者が自宅を不在にすることはできないことを改めて利用者へ説明してください。また、不在中の請求については、サービス事業所が利用者に対してキャンセル料の請求などを検討することになります。サービス事業所がキャンセル料を徴収する場合は、重要事項説明書（または契約書）に当該キャンセルに関する規定を定めるとともに、利用者に説明し、同意を得ておかなければなりませんので、注意してください。

Q111

死後の処置と訪問看護の算定 📖 ¥

訪問時に利用者が死亡しており、死後の処置をした場合、訪問看護を算定できるか？

A 介護報酬は算定できないため実費として請求する。

死後の処置については、訪問看護の提供にかかるものではありませんが、訪問看護の提供と連続して行われるものに要する費用については、実費相当分として、指定訪問看護の提供にかかる交通費、おむつ代等に要する費用に準ずるものとして取り扱うこととしています※。費用の徴収については、あらかじめ訪問看護事業所が家族等に対し、内容および費用について説明を行い、同意を得なければなりません。また、死後の処置は、葬儀社でも行っているところがあります。

家族不在時に利用者が亡くなることが想定される場合、ケアマネジャー・ほかのサービス事業所も含めて対応方法を検討しておくほ

うがよいでしょう。

※ 指定訪問看護等と連続して行われる死後の処置の取扱について（平成12年保険発第64号・老健発第85号）

Q112 ケアマネジャーの入院に伴う減算について ¥
ケアマネジャーが入院した場合、訪問できなくても減算にならないか？

A 事業所として対応ができなければ、減算となる。

Q78（p.59参照）でも説明していますが、利用者の自宅を訪問できない「特段の事情」については、基本的に事業所側の都合や理由は対象となりません。そのため、訪問できない場合には運営基準減算となります。居宅介護支援費の請求は事業所として行うため、担当ケアマネジャーが訪問できない場合は、利用者に事情を説明したうえで、一時的にほかのケアマネジャーで対応することや、状況に応じて担当の変更を検討しましょう。

Q113 通院等乗降介助の算定 ¥
通院等乗降介助で受診したところ、急遽、入院となった場合に通院等乗降介助の算定はできるか？

A 片道分の算定ができる。

結果的に入院となった場合、訪問介護計画に基づいたサービス提供であれば、通院を目的に介助することはできていますので、往路分のみ算定することができます。なお、はじめから入院を目的とした場合でも、訪問介護事業所と連携のうえ、それぞれの計画に位置づけることにより算定することが可能となりました（令和3年4月以降）。急な入退院等の取り扱いについては、どのタイミングで計画に位置づけるかなど、保険者へ確認することをおすすめします。

スキル
面接力

スキル
質問力

スキル
分析力

ルール
運営基準

ルール
人員基準

ルール
算定基準

定　義

記　載

BEST!
最適解

連　携

考え方

Q114 入院時情報連携加算 ¥

入院時情報連携加算に必要な情報の提供は、
FAXでも構わないか?

A FAXでも構わない。

ただし、情報提供を行った日時、場所（医療機関に出向いた場合）、内容、提供手段（面談・FAX等）等について、支援経過記録などに記録しなければなりません。情報提供の方法としては、ケアプランや入院時情報提供書等の活用が考えられます。また、誤送信の有無や相手に届いたか等の確認も必要です。

Q115 国保連への請求間違い ¥

間違えた請求を、国民健康保険団体連合会
（以下、国保連）に送ってしまった。
取り下げはどのようにすればよいか?

A 保険者に過誤申立をする。

例えば、サービス事業所の利用した単位数を間違えてしまった場合や加算を付け忘れた場合等は、翌月に「修正」で、正しい単位数の給付管理票を再度送ればよいので、取り下げる必要はありません。ただし、ケアマネジャー自身の報酬請求を間違えてしまった場合は、一度取り下げて再度請求し直さないといけません。過誤請求（国保連で審査確定した内容に誤りがあった場合に、事業所から保険者に過誤申立をして、給付実績を取り下げる（支払金額の返還を行う）処理のこと）書類を作成して保険者に申請し（保険者によって提出書類や提出期限が異なりますので注意してください）、誤った請求をいったん取り下げます。その後、国保連からの支払い決定通知書で、受理され返金された事を確認後、再度正しい請求をやり直すことになります（**図2-2参照**）。

過誤の種類には、以下の二つがあります。

①通常過誤…給付実績の取り下げのみを行います。国保連への再請

第2章 ケアマネジメント実務編

2 給付管理

図2-2 取下げ（過誤）依頼から再請求までの流れ

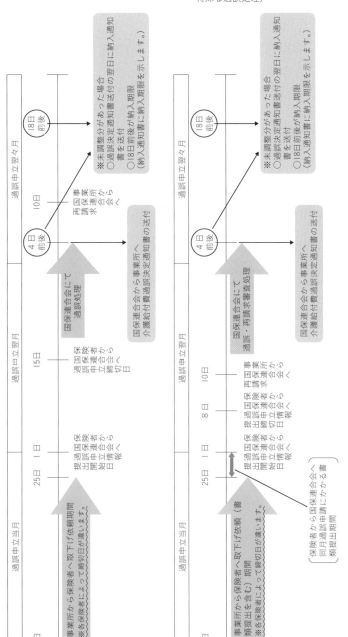

スキル
面接力

スキル
質問力

スキル
分析力

ルール
運営基準

ルール
人員基準

ルール
算定基準

定義

記載

BEST!
最適解

連携

考え方

求は、「介護給付費過誤決定通知書」で過誤処理完了を確認したうえで、再請求を行うことができます。事業所への支払額は、介護給付費審査決定額から過誤金額（過誤分の保険請求額と公費請求額）を引いた額になります。

②同月過誤…給付実績の取り下げと再請求の審査を同月に行います。国保連への再請求は、過誤処理を行う同月に再請求を行うことができます。再請求がなかった場合は過誤処理のみを行うこととなります。事業所への支払額は、再請求分の金額を含む介護給付費審査決定額から過誤金額（過誤分の保険請求額と公費請求額）を引いた額になります。

Q116 他市から転入されてきた場合の保険請求 ¥

月の途中で他市から転入されてきた場合の保険請求はどちらのケアマネジャーが請求すればよいか？

 それぞれで請求可能。

同月内で他市からの転入であれば、保険者が違いますので、それぞれのケアマネジャーがそれぞれの保険者に利用した分の請求を行います。報酬も、それぞれ前半のケアマネジャーには、転居前の市町村からの報酬があり、後半のケアマネジャーは、転居後の市町村から報酬が得られます。ただし、同じ市内でのケアマネジャーの変更は、後半に担当となったケアマネジャーが請求することになりますので、前半のケアマネジャーは無報酬となります。

Q117 月の途中からの小規模多機能型居宅介護の利用 ¥

月の途中で小規模多機能型居宅介護を
利用した場合、給付管理の取り扱いは
どうなるのか？

A 居宅介護支援事業所が給付管理を行う。

　小規模多機能型居宅介護の利用開始前の居宅介護支援事業所が、
小規模多機能型居宅介護を含めてその利用者にかかる「給付管理票」
の作成と提出を行い、居宅介護支援費の請求を行うことになります。
その他のパターンは**図2-3**（p. 88参照）のとおりとなります※。

※　介護制度改革information Vol.80「平成18年4月改定関係Q&A（Vol.2）について」38

Q118 月の途中で区分変更した利用者を担当するとき ¥

月途中で区分変更した結果、要支援→要介護
となったケースを区分変更後契約し、受け
持った。要支援の期間もサービスを利用して
いた。給付管理はどうしたらよいか？

A 月末に給付管理をする事業所が実施する。

　すなわち要支援の期間の給付管理も、居宅介護支援事業所が実施
します。今回の場合、月末時点で居宅介護支援事業所と契約され、
保険者へも届けをされていれば、該当の居宅介護支援事業所が給付
管理票を提出します。契約がされていない場合には、地域包括支援
センターからの提出となりますが、一般的に、要支援で区分変更申
請された場合、要介護状態になる可能性を勘案して申請されること
が多いと考えられます。その場合、区分変更申請された時点でサー
ビス内容も大きく変更されることが予想され、「暫定ケアプラン」の
作成やサービス担当者会議等の一連のケアマネジメントプロセスを
踏襲しておかなければならないので、個人情報保護の観点からも契
約されておくことが求められるでしょう。保険者によっては、居宅
介護支援事業所との契約がされていない期間は自己作成扱いになっ

スキル
面接力

スキル
質問力

スキル
分析力

ルール
運営基準

ルール
人員基準

ルール
算定基準

定　義

記　載

BEST!
最適解

連　携

考え方

図2-3　1月未満の小規模多機能型居宅介護利用の場合の居宅介護支援費の取り扱い

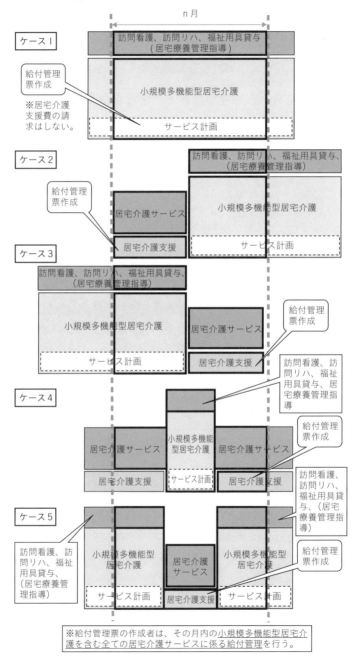

たり、利用したサービスの償還払いが生じる場合もありますので、状況によって保険者にも事前に確認してください。

Q119

認定結果が出る前にサービス導入後、利用者が死亡したとき

認定調査が実施される前に介護ベッドを導入していたが、利用者が亡くなった。この場合の給付管理はどうなるか？

A 給付管理は発生しない。

　要介護認定審査ができないと、要介護認定結果が出せませんから、給付管理は発生しません。全額自費となります。したがって、暫定プランでサービス導入する場合は、このようなことが起きることを事前に説明し、同意を得る必要があります。認定調査が実施され、主治医意見書も作成されていれば、保険者にサービスを利用していた旨を伝えることで、亡くなられた後でも介護認定審査会が開催され、認定結果を出すことができるため（介護保険証の交付はありません）、亡くなられてからも遡って給付管理はできます（非該当の場合は対象外です）。しかしながら、限度額を超えたサービス利用は自費になることや、軽度者の福祉用具利用の際の留意点なども説明しておく必要があります。なお、末期がんを患っているケースは認定調査の日程調整を早めてもらえるため、要介護認定申請の際は保険者にその旨を伝えることを忘れないようにしましょう。

スキル
面接力

スキル
質問力

スキル
分析力

ルール
運営基準

ルール
人員基準

ルール
算定基準

定　義

記　載

BEST!
最適解

連　携

考え方

Q120 後から事業所都合の変更を聞いたとき

給付管理の時期、サービス事業所からの実績報告を受け、はじめてサービス提供時間や曜日を事業所都合で変更していたことがわかった。給付管理をどうすればよいか？

A ケアプランにないサービス利用だった場合は、保険給付（給付管理）の対象にならない。

そのため、利用者やサービス事業所に対して、ケアプランにない追加等は給付管理ができないことがある（自費となる）等の説明を丁寧にしておくことも必要でしょう。その変更が、なぜ生じたのか、利用者の希望なのか、事業所が何らかの考えをもって行ったことなのかなどの理由を明らかにし、まずは都度報告や連絡をいただくよう、事業所管理者や利用者・家族にお伝えしてください。そのうえで、軽微な変更（渋滞で訪問時間が遅れたなど）であれば修正し、給付管理をしてください。ただし、毎週、毎時間、意図的と思われる時間や曜日の変更に関しては、ケアプラン・個別計画書の修正も必要となるかもしれません。利用者の生活機能や環境の変化が生じていて、再アセスメントによるケアプラン変更、ほかのサービスとの調整等の必要が生じているのかもしれません。

Q121 利用者の都合でサービスが遂行できなかった場合

訪問介護で一緒に買い物に行くケアを位置づけたが、利用者の体調によって、店まで行きつけずに引き返すことがある。算定はどうしたらよいか？

A この場合、保険者判断が必要。「引き返すことが何度もある」「店まで歩くことにそもそも無理がある」など、ケアプランの根拠となるアセスメントも再確認する。

保険者によっては、厳密にケアとして認めない（ケアプランに基づくサービス利用ではないので保険給付の対象にしない）場合もあ

るかもしれません。保険給付の対象と認めても、一定の評価の期間を設けて、実行可能なケアプランを再作成するよう指示される場合も考えられます。ケアマネジャーとして、利用者の状況および分析結果に基づく判断内容を踏まえて、保険者と相談をしてください。

また、買い物や入浴など、利用者の体調や天候などに左右されてしまう支援を位置づける際には、サービス担当者会議等の場で、そのサービスが実施できなかった場合の対応について事前に話し合っておくとよいでしょう。例えば、ほかの日に振り替えて実施する、本来のサービスは実施できなくても当日支援に要した時間は自費で算定する、体調によってはほかのケア方法で目的を達成する（入浴→清拭）、雨の場合は屋内でできる別のケア内容を実施する（買い物同行→ヘルパーによる代行）等、代替案や算定方法を決め、ケアプランや個別計画書に明記するようにしましょう。

Q122 施設入所日の日付と福祉用具算定 ¥
施設入所日が暦月の１日であったり、月末である場合、福祉用具の算定はどうなるか？

 算定できる。

ケアプランに基づき、居宅において１日でも福祉用具貸与を利用していれば、算定（給付管理および居宅介護支援費）は可能です。請求に関しては、半月分になるなど単位数が変わる可能性がありますので、事業所に単位数等の確認をしましょう。その際、ケアマネジャーの居宅へのモニタリング訪問の実施の要不要について、保険者判断が必要となるでしょう。

スキル
面接力

スキル
質問力

スキル
分析力

ルール
運営基準

ルール
人員基準

ルール
算定基準

定　義

記　載

最適解

連　携

考え方

Q123 請求と違う単位で決定された場合 ¥

事業所より「900単位で請求したところ600単位で決定されてしまった」との連絡があった。どのような対応を図ればよいか？

 A 正しい請求単位を確認する。給付管理票の再提出が必要なこともある。

　ケアマネジャーの給付管理とサービス事業所の明細請求の単位に相違が生じていた可能性があります。①該当月の給付管理の単位数を確認します。②相違があった場合、原因をチェックします。例えば、❶区分支給限度基準額をオーバーしており単位を割り振ったが、そのことを事業所と共有していなかった、❷実績の入力ミス、❸その他、が考えられます。原因によって、③翌月以降に、給付管理票を再提出します。その際「新規」か「修正」か、②の内容によって異なりますので注意が必要です。

Q124 月の途中からの介護区分の変更と請求 ¥

例えば5月15日に区分変更申請を行い、要介護3から要介護4に変更となった場合、5月に提供しているすべてのサービスの報酬請求は、要介護4として請求するのか？

 A サービスを提供した時点における要介護状態区分に応じた費用を算定する。

　問いの場合、14日までは「要介護3」に応じた単位数で請求し、15日からは「要介護4」に応じた単位数で請求します。また、5月分の区分支給限度基準額については、重いほうの要介護状態区分である「要介護4」を適用することになります。

　例えば、デイサービスやショートステイなどは、要介護度によって利用単位数が変わるため、14日までは要介護3の単位数で、15日からは要介護4の単位数で請求します。

給付管理

2

認定のタイミングと請求

Q125

国保連の請求締切前の 1 ～ 10日に認定が出た場合、先月分の給付管理を請求することは可能か？

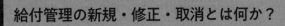

A 請求することはできず、月遅れ請求となる。

　原則的に保険者は、月末時点での認定・届出情報について、翌月初めに国保連へと送ります。そのため、1 ～ 10日に認定が出た場合、市町村から国保連に対して認定・届け出情報の登録が間に合わず、請求は次の月に行うこととなります。認定・届出情報の登録がないまま給付管理を行った場合、返戻となります。

給付管理の新規・修正・取消

Q126

給付管理の新規・修正・取消とは何か？

A 以下のとおり。

　新規とは、初めて給付管理票を提出する場合、もしくは、一度提出した給付管理票が返戻され、その給付管理票を再提出することです。一度提出した給付管理票でも、返戻となった場合には、国保連にデータが残りません。そのため、再提出する場合には新規となります。

　修正とは、既に国保連に登録された給付管理情報に、正しいデータを上書きすることです。例えば、ある事業所のデータを入力しないで給付管理票を提出した場合や、データの入力間違いを修正する場合などが該当します。

　取消とは、国保連に登録された給付管理情報を取り消すことです。取消を行った場合、サービス事業所の請求情報も取り下げられますので、注意してください。

スキル
面接力

スキル
質問力

スキル
分析力

ルール
運営基準

ルール
人員基準

ルール
算定基準

定義

記載

BEST!
最適解

連携

考え方

図2-4 給付管理票「新規」「修正」「取消」

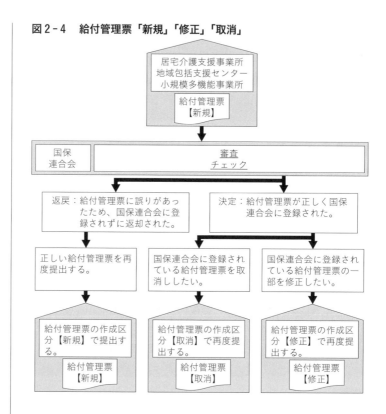

居宅介護支援事業所
地域包括支援センター
小規模多機能事業所

給付管理票
【新規】

国保
連合会

審査
チェック

返戻：給付管理票に誤りがあったため、国保連合会に登録されずに返却された。

決定：給付管理票が正しく国保連合会に登録された。

正しい給付管理票を再度提出する。

国保連合会に登録されている給付管理票を取消ししたい。

国保連合会に登録されている給付管理票の一部を修正したい。

給付管理票の作成区分【新規】で提出する。

給付管理票
【新規】

給付管理票の作成区分【取消】で再度提出する。

給付管理票
【取消】

給付管理票の作成区分【修正】で再度提出する。

給付管理票
【修正】

Q127

支給限度額を超過した単位数

支給限度額を超過した単位数はどのように割り振ればいいのか？

A 定められたルールはないので、個別の判断となる。

　割り振りにあたっては、定められたルールはありません。利用者の意向や各事業所間の調整により決めることになります。ただし、単位数単価の差異により、利用者負担額が変わることには注意が必要です。

【例】

　限度額超過分が500単位の場合

　　500単位×10.0＝5000円　　　500単位×10.4＝5200円

　　500単位×10.7＝5350円

単位数単価は、地域区分とサービス種別による違いがありますので、その違いを十分に理解したうえで、振り分けを依頼するサービス事業所とも相談しながら対応し、利用者・家族にも、どこの事業所にいくら割り振ったのか、説明しましょう。

Q128 端数の計算 ¥
利用者負担の金額を出すときの端数はどのように計算するのか？

 A 次の手順で計算を行う。

① 区分支給限度基準額内単位数（単位数×回数）×単位数単価（各事業所の所在地でのサービス種類に対応する単位数あたりの単価）＝費用総額

② 費用総額×給付率（利用者負担割合や給付制限により違いあり）＝保険給付額

③ 費用総額（①）－保険給付額（②）＝利用者負担額（保険対象分）

④ 支給限度額を超過した単位数については、そのまま単位数単価を乗じた額が利用者負担（全額負担分）となる。

※①②④については円未満切り捨て

【例】

① 2000単位（500単位×4回）×10.7＝2万1400円
② 2万1400円×90％＝1万9260円
③ 2万1400円－1万9260円＝2140円
④ 限度額超過分が500単位あった場合 　 500単位×10.7＝5350円 　利用者負担額　2140円＋5350円＝7490円

 スキル
面接力

 スキル
質問力

 スキル
分析力

 ルール
運営基準

 ルール
人員基準

 ルール
算定基準

 定義

 記載

 最適解

 連携

 考え方

Q129 ケアプラン作成後、サービスを利用しなかった場合 ¥

ケアプランは作成したが結果的に
1か月サービスを利用しなかった場合、
居宅介護支援費は請求できるか？

A 請求できない。

指定居宅介護支援介護給付費は、利用者に対して指定居宅介護支援を行い、かつ、月末時点で給付管理票を提出した指定居宅介護支援事業所が算定できるものです※。問いについては、給付管理の対象となるサービスを利用しなかった場合とありますので、請求することはできません。

ただし、令和3年度の介護報酬改定で、退院後の居宅サービスの利用に向けて、ケアマネジメント業務を行われていた場合については、サービスの利用がなくても、居宅介護支援費の算定が可能となりました（→Q227（p. 168参照））。

※ 指定居宅介護支援に要する費用の額の算定に関する基準　別表のイの注1

Q130 利用者の住所地と事業所の所在地が異なる場合 ¥

保険者が他県の場合、請求方法は
どのように行うのか？

A 届け出はそれぞれの保険者ごとに行うが、
請求方法は変わらない。

利用者の住所地（保険者）に関係なく、介護報酬の請求は、各事業所の所在地の国保連に対して行います。ただし、介護認定や届出などの情報は、それぞれの保険者が管理しています。居宅介護支援事業所の登録は利用者住所の保険者が行い、請求は事業所所在地の国保連に対して行うことになります。

3 記録業務

Q131 担当者会議の記録の閲覧について
担当者会議の記録は、サービス事業者や利用者家族に渡す必要はあるのか？

A 運営基準上は必要ない。

本来、サービス事業者は会議内容を自ら記録し保存する必要があります。しかし、やむを得ない理由で参加できなかった事業者や主治医等に対して、情報共有の目的で、当日協議した結果作成したケアプランとともに渡すことは有効でしょう。また、利用者家族から記録の閲覧希望の申し出があれば、あらかじめ「重要事項説明書」「契約書」等でうたっている限り、応じる必要があることは言うまでもありません。

Q132 支援経過の書き方

支援経過の書き方がよくわからない。

A 居宅介護支援の過程を記録する。

（一例として）ケアマネジメントプロセスを項目に立てて、把握した事実やケアマネジャーが実施したこと（運営基準に沿った支援）、利用者や家族からの相談内容や様子、ケアマネジャーの見立て、サービス担当者や保険者等との連絡調整の内容を時系列で記載します。誰が見てもわかりやすい記録を心がけましょう。ケアプランなどで、

 スキル 面接力
 スキル 質問力
 スキル 分析力
 ルール 運営基準
 ルール 人員基準
 ルール 算定基準
 定義
 記載
 最適解
 連携

考え方

利用者と家族の意向が違った場合なども、支援経過に記載します。文章化にこだわらず図表を用いても構いません。この記録はほかの帳票類と同じく、公的書類となりますから、鉛筆や消せるボールペン、修正液などは使用しません。また、パソコン等による作成も可能です。

　ほかの帳票同様、自分一人ではなかなか改善が難しいので、事業所内で先輩に教えてもらったり、同僚と記録の仕方を検討したり、研修に参加する、参考書を活用するなど、さまざまな工夫をしてみましょう。

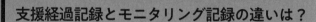

Q133 支援経過記録とモニタリングの違い

支援経過記録とモニタリング記録の違いは？

A それぞれの特徴を活かす。

　モニタリング記録に関しては「少なくとも１月に１回、モニタリングの結果を記録すること」とされています※１。しかし、その記録の様式に関しては決められていません。

　また、ケアプランの第５表に位置づけられている「居宅介護支援経過」の記載要領には「モニタリングを通じて把握した、利用者やその家族の意向・満足度等、目標の達成度、事業者との調整内容、居宅サービス計画の変更の必要性等について記載する」※２と記されており、この第５表も標準様式ですので、この様式を活用してモニタリング結果を落とし込むことは可能です。例えば、第５表の左半分を自由記載として、面接場面以外にも電話でのやりとり、サービス事業者との情報共有、生活上のエピソード、受診時の状況、家族のかかわりやその変化、本人の感情や気持ちの部分は具体的に生の言葉をわかりやすく逐語録のように記載したりなど、さまざまな事象の記録をします。右半分には、それらの事象から得られた結果として「モニタリング項目」を簡潔に記載するという工夫もできます。それにより、支援経過の記録→モニタリングの結果→居宅サービス計画への反映という**一連のプロセスが明確になります**。プロセ

スの明確化というところでは「モニタリング記録票」として、別紙を作成し、介護支援経過記録から考察された結果を項目毎に記載していくという方法もあります。

　モニタリング記録は、介護保険制度の目的である自立支援の促進という「利用者本人のため」に重要な記録であり、支援経過記録は、モニタリング記録の根拠となる記載を含め、一連のケアマネジメントのプロセスを確認し、**相談援助職としての技術の振り返り**という「自分自身のため」の記録でもあります。

※1　指定居宅介護支援等の事業の人員及び運営に関する基準（平成11年厚生省令第38号）第13条第14号
※2　介護サービス計画書の様式及び課題分析標準項目の提示について（平成11年老企第29号）

スキル
面接力

スキル
質問力

スキル
分析力

ルール
運営基準

ルール
人員基準

ルール
算定基準

定義

記載

BEST!
最適解

連携

考え方

Q134　虐待が疑われる事例
虐待が疑われる事例の記録の書き方

根拠となる情報を記載するとともに、
第三者と状況を共有しやすいよう記録する。

　「高齢者虐待の防止、高齢者の養護者に対する支援等に関する法律」（平成17年法律第124号）により、虐待が疑われる事例を発見した場合は、関係機関へ通報をしなければなりません。

　ケアマネジャーは少なくとも1月に1回以上居宅に訪問し面接しているので、いつもと違う様子を感じたり、また支援を行っている各サービス提供事業者からも情報を得られるので、その兆候をいち早く察知できるポジションといえます。その際の記録は関係機関への情報提供のもとになりますので、第三者とも内容を共有しやすいように、**5W1H（誰が、何を、いつ、どこで、なぜ、どのように）**を基本とした記録を心がけます。

　また「感じたこと」の記録となることも多いため、なぜそう感じたのかその根拠となる情報を記載することも大切です。市町村や地域包括支援センターで「高齢者虐待チェックリスト」等を作成している場合はそれらを活用して根拠を記載することも一つの方法です。ケアマネジャー自身の思い込みではなく、客観的事実として気

になる状況とその理由を明確化しておきます。

Q135 記録の保管について
記録の保管は何年まで？

A 以下のとおり。

　運営基準において、以下の記録についてはその完結の日から２年間の保存としています※。ただし条例により５年と定めている保険者もありますので、利用者住所の保険者に確認しましょう。

　また、記録の保管については、令和３年度の介護報酬改定で電磁的な記録も認められています（→**Q215**（p. 158参照））。

① 指定居宅サービス事業者等との連絡調整に関する記録
② 居宅介護支援台帳（居宅サービス計画、アセスメント、サービス担当者会議等記録、モニタリング記録）
③ 市町村への通知にかかわる記録
④ 苦情の内容等の記録
⑤ 事故状況および事故に際してとった処置についての記録

※ 指定居宅介護支援等の事業の人員及び運営に関する基準　第29条第２項

4 チームケア

スキル
面接力

スキル
質問力

スキル
分析力

ルール
運営基準

ルール
人員基準

ルール
算定基準

定義

記載

BEST!
最適解

連携

考え方

Q136　退院前カンファレンスの参加職種　¥

退院前カンファレンスに参加すると、加算の
点数が違うが、どの職種が参加すれば、
退院前カンファレンスと認められるのか？

 在宅側は3職種が必要。

　病院が主催する「退院前カンファレンス」ですが、退院・退所加算要件の「退院前カンファレンス」は要件があり、病院側が「退院前カンファレンス」と言ったとしても、簡単には算定できません。要件では、「入院中の保険医が、当該患者の退院後の在宅療養を担う保険医療機関の保険医もしくは看護師等、保険医である歯科医師もしくはその指示を受けた歯科衛生士、保険薬局の保険薬剤師、訪問看護ステーションの看護師等、または居宅介護支援事業者の介護支援専門員もしくは特定相談支援事業者の相談支援専門員のうちいずれか3職種以上と共同して指導を行った場合に、所定点数に2000点を加算する」※となっていますので、かなりハードルが高いと言えるでしょう。

　また、退院後に福祉用具の貸与が見込まれる場合にあっては、必要に応じ、福祉用具専門相談員や居宅サービスを提供する作業療法士等が参加することとされています（→Q221（p. 163参照））。

※　診療報酬の算定方法（平成20年厚生労働省告示第59号）別表第1医科診療報酬点数表　退院時共同指導料2の注釈3に該当する要件

退院前カンファレンスに参加するために何を準備すればよいか？

A 「入院先の病院でしか聞き取れない情報は何か」を事前に検討する。

退院前カンファレンスに、病院から呼ばれたのだから、何も準備しないでただ参加すればよいというものではありません。

どんなことを聞きたいか、こちらから情報提供できることは何かなど、ある程度ポイントを絞っておきましょう。思いつきや脈絡なくダラダラと話し続けることのないように気をつけましょう。カンファレンスは通常の初回アセスメントの場ではないので、あくまでも、医療職に確認することを優先して、医療側の情報を聞いたり、在宅側の情報提供をできるようにしていきます。

【退院前カンファレンスの準備と確認事項】

① 入院前から担当していた利用者の場合

・できれば入院時から病院の相談室や病棟等と連絡を取り合い、入院前の状態（ADL（日常生活動作）や認知症の程度等）を伝え、どのくらいの状態になれば（トイレが一人で行けるようになるまで等）在宅復帰が可能か、家族の介護力も踏まえて、情報提供できるようにしておきます。

・家屋状況を伝え、退院にあたり、環境整備などにどのくらい準備の時間がかかるかの予測をして伝えられるようにしておきます。

・区分変更申請の必要性の有無についての確認

② 新規にかかわることになった利用者の場合

・できればカンファレンスの前に家族と一緒に自宅を訪問し、家屋状況を把握しておきましょう。そうすることで、環境の準備に何が必要か、情報提供ができ、話がスムーズになります。

・介護認定の有無、新規申請や区分変更申請の必要性の確認をしましょう。

③ 共通すること

・入院の原因となった疾患名や治療経過と病状・予後

・入院前後の状態（ADL：歩行や食事・排泄・入浴等）の変化

・医療処置の有無（退院後も継続して必要かどうか）

・医療系サービス（看護やリハビリ等）の必要性の確認と指示書やサマリーの依頼

・退院後の通院や再入院の受け入れの確認

・退院処方の内容や量

・病院からの家屋調査の必要性の有無や福祉用具の利用の確認（福祉用具のカタログは持参しておくとよい）

Q138 民生委員とのかかわり方
民生委員にどこまで利用者・家族の情報を伝えてよいか？

A どのような役割でかかわってもらいたいかによって、提供する情報を選別して伝える。

　民生委員には守秘義務があります※。チームケアの一環として、必要な情報を伝えることは地域包括ケアシステムの推進のためにも有効でしょう。その際、気をつけるべきことは、契約時にあらかじめ個人情報の使用同意を取っていたとしても、あらためて利用者や家族に情報提供の必要性について説明し、同意をもらうように心がけることです。なお、ケアマネジャーがもっている情報をすべて伝える必要はないのです。利用者・家族がどこまで民生委員にかかわりをもってもらいたいのかの意向を確認したり、今までの地域のなかでの関係性等も考慮する必要があります。民生委員にどのような役割でかかわってもらうのか、アセスメント結果をもとに、必要な情報を選んで提供しましょう。

※　民生委員法（昭和23年法律第198号）第15条

スキル
面接力

スキル
質問力

スキル
分析力

ルール
運営基準

ルール
人員基準

ルール
算定基準

定　義

記　載

最適解

連　携

考え方

Q139

各事業所の情報はどのように収集したらよいか?

A サービスの公表制度等の活用や、実際に足を運んでみることが有効となる。

事業所の情報は、サービスの公表制度を利用することで、概要や特徴を把握することができます。地域によっては、サービスの一覧表が保険者や地域包括支援センターによって作成されていたり、ホームページのある事業所では動画などを視聴できる場合もあります。しかし、文面や画像から得られる情報には限りがあります。実際の雰囲気や環境については、やはり、その事業所に足を運ぶことで、はじめて得られるものです。また、サービス提供の担当者と利用者との実際のやりとりの様子は、実際のサービス提供の現場に接することがなければ、なかなか知ることは難しいでしょう。日頃から、時間のあるときに、サービス事業所を訪問して見学させてもらったり、新規の事業所の内覧会などに積極的に参加するなど、ケアマネジャーが自ら事業所に足を運んで顔の見える関係づくりができていれば、サービスを依頼するときにもスムーズに連携ができることでしょう。

Q140

医師や看護師と話していると威圧的に感じて緊張して伝えたいことが伝えられない。どうしたら耳を傾けてもらえるようになるのか?

A 伝え方の工夫やトレーニングが必要。

まず初めに、あらかじめ聞きたいことを明確に整理しておきましょう。ダラダラと話し続けるのではなく、**結論から伝えます**。何の目的で連絡をとったのか(報告なのか、相談なのか、指示が欲しくて連絡したのか)、緊急性はどうか。その後で、いつどこで等の背景や時系列、ケアマネジャーとしての判断や考えを、手短かに伝え

4 チームケア

ます。対面時でも**メモを用意する**とよいでしょう。自分の判断や考えを話すときは、**客観的根拠をあげる**ことが大切です。不安なときは、職場の上司や同僚に練習相手になってもらって、感想や助言をもらってはどうでしょう。コミュニケーションはトレーニング次第で上達するものです。

Q141 主治医からの意見

主治医から、「このサービスを利用したほうがよい」「ここの事業所が……」といわれるが、どうしたらよいか？

A まずは聞かせていただいたことへの感謝を伝えたうえで、その理由を聞く。

そのうえで、主治医からの意見としてその理由も含め、サービス種別や事業所を利用者・家族へわかりやすく情報提供したうえ、ケアマネジャーとして、利用者の自己決定を尊重する支援を行うことが大切です。利用者・家族とともに熟考した結果、主治医の意見とは違う選択となったとしても、ケアマネジャーの価値観からではなく、利用者・家族を主体として選択した理由を根拠として真摯に説明します。その際には説明の時間・方法も検討します。主治医の理解を得ることで、利用者を中心としてつながっている主治医との信頼関係も深まります。

Q142 嚥下障害と関連職種

嚥下障害の場合、ST（言語聴覚士）や歯科医師、看護師、管理栄養士とかかわる職種はたくさんあるが、どの職種につなげればよいのか教えてほしい。

A 地域にある社会資源によって判断する。

嚥下障害の場合、まずは医師、歯科医師、歯科衛生士、看護師、管理栄養士、言語聴覚士といった職種が思いつくと思います。これ

スキル
面接力

スキル
質問力

スキル
分析力

ルール
運営基準

ルール
人員基準

ルール
算定基準

定 義

記 載

BEST!
最適解

連 携

考え方

らの専門職でチームを組んでいる場合もありますし、それ以外にも臨床検査技師、理学療法士、作業療法士、薬剤師といった職種も加えてチームで対応している場合もあります。日本では、1990年代後半から、医療機関を中心としたNST（Nutrition Support Team：栄養サポートチーム）と呼ばれる医療専門チームが増えています。最近では、病院だけでなく、在宅NSTや地域NSTといった考え方から、嚥下障害に対し、地域での展開も進んできています。ただし、これらの資源は地域によって大きく左右されます。訪問診療や居宅療養管理指導（管理栄養士）、訪問看護、訪問リハビリなどで対応している地域もあります。嚥下障害はこの職種、とこだわらず、その**地域の実情に応じた社会資源**を調整していく必要があります。日頃から、地域の社会資源のなかに、嚥下にかかわる職種がどこにあるかを把握し、利用者の状態（嚥下の検査が必要なのか、リハビリや食形態の支援が必要なのかなど）と照らし合わせ、適切な連携がとれるように情報収集しておきましょう。

チームケア

Q143 PTとOTの違い
PTとOTの違いを利用者家族にうまく説明できないので教えてほしい。

A 以下を参考に。

　PT（理学療法士）は、運動・温熱・電気・水・光線などの物理的手段で運動機能の維持・改善を図る運動機能回復の専門家です。一方、OT（作業療法士）は、トイレで用を足す・着替える・料理をする・買い物へ行くなど、以前と同じような生活が送れるよう、利用者にあったかたちで作業を通じて指導を行う専門家となります。

　理学療法士及び作業療法士法では、以下のように定義しています。

（定義）

第2条　この法律で「理学療法」とは、身体に障害のある者に対し、主としてその基本的動作能力の回復を図るため、治療体操その他の運動を行なわせ、及び電気刺激、マッサージ、温熱その他の物理的手段を加えることをいう。

2　この法律で「作業療法」とは、身体又は精神に障害のある者
　に対し、主としてその応用的動作能力又は社会的適応能力の回
　復を図るため、手芸、工作その他の作業を行なわせることをい
　う。

　例えば、脳卒中で片麻痺になった女性が、ベッドから台所まで、
杖で歩けるように歩行訓練をするのがPT。台所で、片手でも包丁
で野菜が切れるような家事訓練をするのがOTというように具体的
に説明するとわかりやすいでしょう。

Q144 居宅療養管理指導を行う職種 🚩

居宅療養管理指導をしてくれる職種を
教えてほしい。

Ⓐ 医師、歯科医師、薬剤師、管理栄養士、
歯科衛生士など。

　平成30年の制度改正により、看護師の居宅療養管理指導は廃止さ
れています（ただし、医師の指示に基づき、訪問する場合はありま
す）。

Q145 課題が多すぎて抱えきれない利用者への対応

独居でいろいろ課題のある利用者について、
市役所や医療機関が多くの役割を求めてくる
場合がある。一人では抱えきれないが
どうしたらよいか？

Ⓐ 多職種連携や地域包括ケアの出番。
地域ケア会議の活用も。

　多課題を抱える利用者の支援は、ケアマネジャー一人で抱えきれ
る事柄ではありません。そもそも多くの課題を抱えているというこ
とは、介護保険のサービスだけで課題解決を図ることは困難である
ことが予測できますから、ぜひ、多職種連携による地域包括ケアを
活用してください。どの機関とどのように連携すればよいのかわか
らないときや連携に自信がもてないときは、ケアマネジャーの相談

スキル
面接力

スキル
質問力

スキル
分析力

ルール
運営基準

ルール
人員基準

ルール
算定基準

定　義

記　載

BEST!
最適解

連　携

考え方

相手として、職場の上司や同僚以外にも地域包括支援センターや特定事業所の主任介護支援専門員、在宅医療連携拠点の相談員等がいます。この機会にぜひ、相談してみましょう。

　また、一つのケースを題材に、多くの課題を抱えた利用者がどうしたら地域で暮らし続けていけるのか、地域ケア会議等を活用し、市役所や医療機関等の理解や協力を求めていくのも一つの方法です。一人で抱え込まず、**チームで支援できる体制づくり**をしていきましょう。

5
関連制度

Q146 訪問リハビリと訪問看護のリハビリの違い
訪問リハビリと訪問看護のリハビリとの
違いと活用方法を教えてほしい。

 サービスを提供する実施主体が違う。

訪問リハビリテーションは、病院や診療所から訪問するのに対し、訪問看護ステーションからのリハビリの訪問は、訪問看護の一環としてリハビリテーション専門職が訪問します。

訪問リハビリテーションは、指示書をそのセラピストが所属する病院やクリニックの医師が診察をして作成します。利用者の主治医がセラピストの所属する病院やクリニックではない場合は、利用者の主治医から「診療情報提供書」を訪問リハビリテーションを実施する病院やクリニックに提供してもらう必要があります。

一方、訪問看護ステーションからの訪問リハビリについては、利用者の主治医が、「訪問看護」として指示書を作成できます。その場合、医療的な状態観察の必要性があることから、概ね3か月に1回程度の看護師によるモニタリングやアセスメントが必要です。

それぞれ、コードも単位も異なりますが、基本的なセラピストの資格（理学療法士、作業療法士、言語聴覚士）は同じです。ケアマネジャーとして、地域の社会資源の実際を知ることは、普段の業務の一環です。主治医と相談のうえ、どの事業所からの訪問が利用者の疾患症状に合致しているか見きわめてください。

スキル
面接力

スキル
質問力

スキル
分析力

ルール
運営基準

ルール
人員基準

ルール
算定基準

定　義

記　載

BEST!
最適解

連　携

考え方

Q147 医療保険と介護保険の訪問看護の違い ¥
医療保険と介護保険の訪問看護の
違いは何か？

A 医療保険が優先される疾患や病状がある。

　介護保険は、他法に優先するため、要介護認定を受けている利用
者に対して訪問看護を提供する場合、介護保険の訪問看護を算定す
ることが原則ですが、以下の「厚生労働大臣が定める基準に適合す
る利用者等（平成27年厚生労働省告示第94号）」に該当する利用者
に対しては、医療保険の訪問看護を位置づけなければなりません。

表2-1　厚生労働大臣が定める基準に適合する利用者等

①末期の悪性腫瘍、②多発性硬化症、③重症筋無力症、④スモン、
⑤筋萎縮性側索硬化症、⑥脊髄小脳変性症、⑦ハンチントン病、
⑧進行性筋ジストロフィー症、⑨パーキンソン病関連疾患、⑩多
系統萎縮症、⑪プリオン病、⑫亜急性硬化性全脳炎、⑬ライソゾー
ム病、⑭副腎白質ジストロフィー、⑮脊髄性筋萎縮症、⑯球脊髄
性筋萎縮症、⑰慢性炎症性脱髄性多発神経炎、⑱後天性免疫不全
症候群、⑲頸髄損傷、⑳人工呼吸器を使用している状態

　①～⑳の疾患以外においても、介護認定を受け、通常は介護保険
による訪問看護を利用している利用者であっても、利用者が急性増
悪等により、一時的に頻回な（概ね1週間に4回以上）訪問看護を
行う必要がある旨の特別指示（訪問看護ステーションにあっては、
特別指示書の交付）があった場合には、交付の日から14日間を限度
として医療保険の訪問看護を算定します。例えば、脱水などで一時
的に毎日点滴が必要だったり、褥瘡の悪化により集中的な処置が必
要になった場合などが該当します。

Q148 訪問看護（医療保険）へのケアプランの送付

医療保険の訪問看護にはケアプランを送らなくてもよいか？

A 介護保険サービス以外でも、ケアプランに位置づけた場合は送付する。

訪問看護は、主治医から指示を受けて訪問しており、医療面では、健康管理において重要な役割を担っています。また、ケアプランは介護保険サービスだけではなく、医療保険や他制度、インフォーマルサービス、利用者本人が行うセルフケアも含めて作成しなければなりません。当然、医療保険であっても訪問看護の目的、役割、看護の内容をケアプランにきちんと位置づけます。そのうえでケアプラン原案を送付し、担当者会議にも出席してもらい、ほかのサービス事業者と連携をはかってもらう必要があります。利用者にあったチームをつくるのがケアマネジャーの役割です。

●指定居宅介護支援等の事業の人員及び運営に関する基準（抄）
　　　　　　　　　　　　　　　　　　（平成11年厚生省令第38号）
（指定居宅介護支援の具体的取扱方針）
第13条　指定居宅介護支援の方針は、第1条の2に規定する基本方針及び前条に規定する基本取扱方針に基づき、次に掲げるところによるものとする。
　十九　介護支援専門員は、利用者が訪問看護、通所リハビリテーション等の医療サービスの利用を希望している場合その他必要な場合には、利用者の同意を得て主治の医師等の意見を求めなければならない。
　十九の二　前号の場合において、介護支援専門員は、居宅サービス計画を作成した際には、当該居宅サービス計画を主治の医師等に交付しなければならない。

スキル
面接力

スキル
質問力

スキル
分析力

ルール
運営基準

ルール
人員基準

ルール
算定基準

定　義

記　載

BEST!
最適解

連　携

考え方

Q149

65歳未満の利用者が介護保険を申請するときの注意点は何か?

A 特定疾病の有無と、医療保険の加入状況を確認する。

　65歳未満の利用者(第2号被保険者)が介護保険を申請する場合、健康保険組合・全国健康保険協会・市町村国保などの医療保険に加入していることと (医療保険証のコピーの添付が必要)、特定疾病 (16疾患)に該当することが必要となります。医療保険証の確認や、基本的な疾患についての理解を深めましょう。また、保険者独自の介護保険サービス (配食サービスやおむつ支給制度等) が、65歳以上に限定している場合もありますので、注意してください。

表2-2　特定疾病 (16疾患)

①　がん (医師が一般に認められている医学的知見に基づき回復の見込みがない状態に至ったと判断したものに限る。)
②　関節リウマチ
③　筋萎縮性側索硬化症
④　後縦靱帯骨化症
⑤　骨折を伴う骨粗鬆症
⑥　初老期における認知症
⑦　進行性核上性麻痺、大脳皮質基底核変性症およびパーキンソン病
⑧　脊髄小脳変性症
⑨　脊柱管狭窄症
⑩　早老症
⑪　多系統萎縮症
⑫　糖尿病性神経障害、糖尿病性腎症および糖尿病性網膜症
⑬　脳血管疾患
⑭　閉塞性動脈硬化症
⑮　慢性閉塞性肺疾患
⑯　両側の膝関節または股関節に著しい変形を伴う変形性関節症

Q150 65歳未満の利用者② BEST!

65歳未満の利用者が介護保険制度に移行する
ときの注意点を教えてほしい。

A 本人支援に対し、制度が変わっても切れ目のない
支援に注意。

65歳となったことで、生活保護や障害者福祉については、原則介
護保険の対象者へと切り替わることになります。ただし、介護保険
制度では対応できない支援内容や、必要な支援量が確保できない場
合には、従来の制度も併用することができます（運用については、
個別の判断が必要となりますので、各自治体に相談してください）。
また、65歳になったからといって、介護保険制度という枠に、利用
者を無理やり合わせるような支援にならないように気をつけてくだ
さい。原子爆弾被爆者に対する援護に関する法律（平成6年法律第
117号）や難病の患者に対する医療等に関する法律（平成26年法律
第50号）などの公費負担については、年齢にかかわらず自己負担分
に適応されます。

Q151 介護医療院について

介護医療院について教えてほしい。

A 平成30年4月新たに法定化された
介護保険施設※1。

平成30年3月末で廃止となった「介護療養型医療施設」に代わ
り、長期的な医療と介護の両方を必要とする高齢者を対象に、「日常
的な医学管理」や「看取りやターミナルケア」等の医療機能と、「生
活施設」としての機能を提供できる施設です※2。ただし、介護療
養型医療施設の全面廃止は令和6年3月末まで猶予期間がありま
す。

※1　介護保険法（平成9年法律第123号）第8条第29項
※2　介護医療院の人員、施設及び設備並びに運営に関する基準（平成30年厚生労働省令第5
　　号）第2条

スキル
面接力

スキル
質問力

スキル
分析力

ルール
運営基準

ルール
人員基準

ルール
算定基準

定　義

記　載

BEST!
最適解

連　携

考え方

Q152

医療保険について疑問があったときは、
どこに聞いたらよいですか？

A MSW（医療ソーシャルワーカー）や医事課に
相談する。

　利用者の入院・退院に関する今後の方向性や医療費のことなどで
したらその医療機関のソーシャルワーカーや医事課に聞いてみるの
が一番です。難病などの医療費助成制度についてなら市町村の担当
窓口に問い合わせるのがよいでしょう。

　医療保険の疑問は多岐にわたることが多いです。利用者の入退院
等でかかわった医療機関のソーシャルワーカーは医療保険の専門
家、日頃からソーシャルワーカーとの関係づくりをしておくことは
大切です。

Q153

病棟の分類

病棟の分類について教えてほしい。

A 以下の分類となる。

　病床区分は医療法（昭和23年法律第205号）第7条第2項の第1
号〜第5号において「精神病床」「感染症病床」「結核病床」「療養
病床」「一般病床」とされています。

　この「病床」の集まりが「病棟」で原則60床以下とされています。
診療報酬上の病棟分類は**表2-3**のとおりです※1・2。

※1　社会保障審議会医療部会資料（平成22年12月2日）
※2　平成30年度診療報酬改定の概要（厚生労働省）

表2-3　診療報酬上の病棟分類

病棟の分類	看護基準	役割・目的
急性期一般病棟	7～10：1以上	急性期医療を担い、診療報酬は看護配置、重症度、看護必要度、平均在院日数、在宅復帰率などで区分。
地域一般病棟	13～15：1以上	軽症急性期医療を担い、地域の在宅医療介護保険施設や急性期病棟からの患者の受け入れを主とする。診療報酬は看護基準、平均在院日数、重症度などで区分。
地域包括ケア病棟	13：1以上	役割は①急性期治療を経過した患者の受け入れ、②在宅で療養を行っている患者等の受け入れ、③在宅復帰施設となっている。担うところは地域一般病棟と類似するが、診療報酬では実績要件として自宅等からの入院者割合や自宅等からの緊急患者受け入れ、在宅医療の提供などが求められ、算定上限は60日。さらにリハビリテーション職員配置や在宅復帰率も算定要件となっている。
回復期リハビリテーション病棟	13～15：1以上	役割はリハビリテーションを提供することで心身を回復し自宅や社会に復帰すること。リハビリテーションが目的の病棟なのでリハビリテーション職員配置は地域包括ケア病棟より高い基準となっている。診療報酬上では疾患別に算定上限日数が定められており、また改善効果をスコア化するリハビリテーション実績指数や在宅復帰率などが算定要件となる。
療養病棟（医療療養病床）	20：1以上	医療療養病床では介護医療院などの介護保険系施設とは異なり医療の必要度が高い患者が対象。診療報酬は医療区分1～3のうち医療区分3（中心静脈栄養や人工呼吸器など）と医療区分2（経腸栄養や1日8回以上の喀痰吸引、気管切開など）の割合によって基準となる。

スキル
面接力

スキル
質問力

スキル
分析力

ルール
運営基準

ルール
人員基準

ルール
算定基準

定　義

記　載

最適解

連　携

考え方

Q154 特別訪問看護指示書 ▶

訪問看護の特別訪問看護指示書とは何ですか？

A 以下のとおりである。

　訪問看護指示書が出ている利用者の急性増悪、終末期、退院直後のときなどに、頻回の訪問看護が必要と判断された場合に特別訪問看護指示書が交付されます。特別訪問看護指示書だけが交付されることはありません。

　特別訪問看護指示書の有効期間は指示日から最長14日までです※。ただし、①気管カニューレを使用している状態の方、②真皮を越える褥瘡の方については月2回まで交付・算定できます。

　介護保険で訪問看護を実施していた利用者については、この期間は医療保険のサービスになります。

※　診療報酬の算定方法の一部改正に伴う実施上の留意事項について（令和2年保医発0305第1号）

関連制度

6 その他（サービス調整等）

スキル
面接力

スキル
質問力

スキル
分析力

ルール
運営基準

ルール
人員基準

ルール
算定基準

定 義

記 載

BEST!
最適解

連 携

考え方

Q155 24時間連絡・相談対応体制 ¥

居宅介護支援費の特定事業所加算における
24時間連絡体制とは、常に訪問できる体制を
つくらなければならないのか？

 常に訪問できる体制を求めるものではない。

　24時間連絡可能な体制※とは、常時担当者が携帯電話等により連
絡を取ることができ、必要に応じて相談に応じることが可能な体制
をとる必要があることをいうものであり、当該事業所のケアマネ
ジャーの輪番制による対応等も可能であるとされています。常に訪
問できる体制を求めるものではありません。

※　指定居宅サービスに要する費用の額の算定に関する基準（訪問通所サービス、居宅療養管
　理指導及び福祉用具貸与に係る部分）及び指定居宅介護支援に要する費用の額の算定に関す
　る基準の制定に伴う実施上の留意事項について（平成12年老企第36号）　第三の11(3)④

Q156 退院・退所加算 ¥

退院・退所加算における
カンファレンスの要件とは？

 以下のとおりである。

　退院・退所加算は医療機関や介護保険施設等を退院・退所し、居
宅サービス等を利用する場合において、退院・退所にあたって医療
機関等の職員と面談を行い、利用者に関する必要な情報を得たうえ
でケアプランを作成し、居宅サービス等の利用に関する調整を行っ

た場合に算定できます※。

表2-4　退院・退所加算の算定要件

退院・退所加算（Ⅰ）イ （450単位）	病院等の職員からの情報収集を1回受けていること。
退院・退所加算（Ⅰ）ロ （600単位）	病院等の職員からの情報収集をカンファレンスにより1回受けていること。
退院・退所加算（Ⅱ）イ （600単位）	病院等の職員からの情報収集を2回以上受けていること。
退院・退所加算（Ⅱ）ロ （750単位）	病院等の職員からの情報収集を2回受けており、うち1回以上はカンファレンスによること。
退院・退所加算（Ⅲ） （900単位）	病院等の職員からの情報収集を3回以上受けており、うち1回以上はカンファレンスによること。

　上記表のカンファレンス要件は、情報収集のうち1回以上について、入院・入所中の担当者等との会議（退院・退所前カンファレンス等)に参加して、退院・退所後の在宅での療養上必要な説明を行ったうえでケアプランを作成し、居宅サービス等の利用に関する調整を行った場合に限ります。カンファレンスについては、テレビ電話等を活用しての参加も可能となっています。

　介護保険施設とのカンファレンスの参加者としては、当該施設に配置されるケアマネジャーや生活相談員、支援相談員等、利用者の心身の状況や置かれている環境等について把握したうえで、居宅介護支援事業所のケアマネジャーに必要な情報提供等を行うことができる者を想定しているとされています。また、退院後に福祉用具の貸与が見込まれる場合にあっては、必要に応じ、福祉用具専門相談員や居宅サービスを提供する作業療法士等が参加することとされています（→Q221（p. 163参照））。

　しかし、病院等医療機関とのカンファレンスは診療報酬で退院時共同指導料2の注3の要件を満たすものとされているので注意が必要です。

　「退院時共同指導料2の注3」を要約すると、病院等医療機関とのカンファレンス要件を満たすには、病院等から「医療機関の医師、

医師の指示を受けた看護師のうちの1名以上が参加」、在宅側から
は「居宅介護支援専門員、在宅医療を担う医師か看護師等、在宅医
療を担う歯科医師か歯科衛生士、保険薬局の薬剤師、訪問看護ステー
ションの看護師（准看護師を除く。）・理学療法士・作業療法士・言
語聴覚士」のうち3名以上とされています。

※ 平成30年度介護報酬改定における各サービス毎の改定事項について　p.163

Q157　紙おむつ使用による医療費控除　BEST!

紙おむつを使用している利用者家族から
確定申告で控除を受けたいと相談を受けた、
どう答えたらよいか？

A 以下のとおりである。

「おむつ使用証明書」（かかりつけの医師に相談して発行してもら
う：有料の場合が多い）と「おむつ代であること・使用者の氏名」
が明記された「医療費控除に関する明細書」の用意をしてください。

なお、介護保険の要介護認定を受けている利用者は、2年目以降
の確定申告では「おむつ使用証明書」の代わりに、主治医意見書の
内容を「市町村が確認した書類」または、「主治医意見書の写し」を
使用できる場合があります。

Q158　介護保険被保険者証等の保管　BEST!

介護保険被保険者証や介護保険負担割合証を
紛失してしまう。
利用者・家族から預かってほしいといわれた
が、どうすればよいか？

A 原則、断る。

「介護保険被保険者証は新たにサービスが追加となるときに必ず
提示しなければなりませんし、介護保険被保険者証は必要があれば
その都度、発行することになっており、また、紛失したときも比較

スキル
面接力

スキル
質問力

スキル
分析力

ルール
運営基準

ルール
人員基準

ルール
算定基準

定　義

記　載

BEST!
最適解

連　携

考え方

的簡単に再発行できます」などと説明したうえで、「訪問時には必ず一緒に介護保険被保険者証と介護保険負担割合証を確認させていただきます」など申し添えて、お手元で保管してもらえるよう促しましょう。

Q159 認定調査 BEST!

自分でできることが多い利用者が、介護認定の訪問調査で、できることもできないと言っていることがわかった。ケアマネジャーはどうすればよいか？

A 認定調査員に正しい情報提供をする。

利用者ができないことを「大丈夫、できる」と言ってしまうことは耳にしますがこの場合は逆のケースです。訪問調査は概ね30分〜1時間程度で行われますので短時間で本人の正しい状態を把握するのは訪問調査員としては難しいことです。認定調査では調査時の状況より普段の状況を優先して評価するように定められています※。ですから家族やサービスを提供する事業所の職員に立ち会ってもらうことが必要な場合があります。ケアマネジャーとして認定調査員に正しい情報を提供できるよう協力しましょう。

※ 厚生労働省『要介護認定訪問調査員テキスト2009改訂版（平成30年4月改訂）』

Q160 ヘルパーによる服薬管理 📖

訪問介護では薬の管理手伝いはどこまでできるのか？

A 薬の管理はできないが、服薬介助ならば可能。

「医師、歯科医師、看護師等の免許を有さない者による医業（歯科医業を含む）は、医師法などによって禁止されている」※1・2・3とされています。

薬の管理は医療行為にあたるので、医師または医師の指示を受け

第2章 ケアマネジメント実務編

6 その他（サービス調整等）

た薬剤師、あるいは看護師などにしか行えません。資格があっても、医師の指示が必要です。

しかし、薬を服用するための介助「服薬介助」であれば介護職員でも行うことが可能です。服薬の手伝いをする、飲み忘れ・飲み間違いを防ぐために「服薬ボックス」や「お薬カレンダー」などを用いて工夫をすることなどは可能です。医師等の指示の下、服薬介助を行い適切な服薬管理につなげることは、介護職にとって重要なケアの一つです。

※1　医師法（昭和23年法律第201号）第17条
※2　歯科医師法（昭和23年法律第202号）第17条
※3　保健師助産師看護師法（昭和23年法律第203号）第31条

スキル
面接力

スキル
質問力

スキル
分析力

ルール
運営基準

ルール
人員基準

ルール
算定基準

定　義

記　載

最適解

連　携

考え方

Q161　ヘルパーによる医療行為

訪問介護でできる医療行為（厳密には「医療行為ではない」とされること）はどのようなことか？

A 以下の11の行為が「医療行為ではない」と示されている。

厚生労働省より原則として医行為ではないと考えられるものは以下の11の行為です※。

① 体温測定：水銀、電子、耳式すべて可

② 自動血圧測定器を使った血圧測定

③ 動脈血酸素飽和度測定のためのパルスオキシメータ装着（血液中の酸素が十分に足りているかどうか、専用の機器で測定すること）

④ 受診の必要がない軽度の擦り傷、切り傷、やけどの処置

⑤ 医薬品使用の介助：軟膏の塗布、湿布貼付、点眼、一包化された内服薬の内服（舌下錠含む）、坐薬挿入、鼻からの薬剤噴霧（※容態が落ち着いている、薬の調整のための経過、状態観察の必要がない、使用方法に専門的な配慮が必要ないなどの条件あり）

⑥ 健康な爪の爪切り

⑦ ひどい歯周病がない場合の、歯磨きなど口の中の手入れ

⑧ 耳垢の除去

⑨ ストマ装具（お腹につくられた便や尿の排泄口のこと）にたまった排泄物を捨てること（装具の貼りかえは不可）

⑩ 自己導尿の補助・準備や体位の保持（尿を自力で出すことができない方が、ご自身で管を通して尿を身体の外へ排泄するためのお手伝いをすること）

⑪ 市販の使い捨て浣腸器による浣腸：挿入の長さ、浣腸液の濃度、使用量に規定有り。

なお、当然のこととして、これらの行為についても、高齢者介護や障害者介護の現場等において安全に行われるべきものであることを申し添える、とされています。

※ 医師法第17条、歯科医師法第17条及び保健師助産師看護師法第31条の解釈について（通知）（平成17年医政発第0726005号）

Q162 ともに行う家事をプランに位置づけるとき **BEST!**

訪問介護でともに行う家事を位置づけるときに、利用者の遂行能力はどの程度あればよいか？

A 基準はなく、個別の判断となる。

平成30年度に「訪問介護におけるサービス行為ごとの区分等について」※の見直しが行われ、「自立生活支援のための見守り的援助」が明確化されました。基本的な考え方は、「安全を確保しつつ常時介助できる状態で行うものなどであって、利用者と訪問介護員等がともに日常生活に関する動作を行うことが、ADL（日常生活動作）・IADL（手段的日常生活動作）・QOL（生活の質）向上の観点から、利用者の自立支援・重度化防止に資するものとしてケアプランに位置づけられたもの」となります。遂行能力に関しては、『利用者と訪問介護員等がともに動作を行う』という部分があたりますので、訪問介護員等が一人で行う動作や、利用者と別に行う動作は対象となりません。また、ともに行えばすべてが対象となるということではなく、その行為が『自立支援・重度化防止に資する』ということがケアプランに示されなければいけません。認知症・神経難病・脳血

管疾患後遺症など、多くのパターンが想定されると思いますが、あくまで利用者が主体であることを踏まえ、利用者・訪問介護事業所・ケアマネジャーの三者で合意を図っていきましょう。

※　訪問介護におけるサービス行為ごとの区分等について（平成12年老計第10号）

Q163　プランどおりにサービス提供されていなかった場合

訪問介護で一緒に調理をする支援を位置づけたが、ほとんどをヘルパーが行っていることがわかった。どうしたらよいか？

A　再アセスメントのうえ、支援内容の見直しをする。

　ケアプランが作成されている場合、計画に沿った訪問介護を提供しなければ、訪問介護事業所は請求することができません※。まずは実際に行われている支援内容を正確に把握しましょう。そのうえで、なぜヘルパーが行っているのかの理由を確認してください。少しずつ利用者の参加が難しくなってきていたのか、もともと実施することが難しい支援内容だったのか、利用者に日内変動があるのか、ヘルパーがよかれと思って行っているのか。それぞれ理由によって対応も異なります。少しずつADL（日常生活動作）が低下してきた、もしくは日内変動によるということであれば、医療職やリハビリテーション職等との連携も考えられます。どのパターンにおいても、再アセスメントのうえ、現在の支援内容が本来の目的に沿ったものかを確認し、ケアプランを見直す必要があるでしょう。

※　指定居宅サービス等の事業の人員、設備及び運営に関する基準（平成11年厚生省令第37号）
　　第16条

スキル
面接力

スキル
質問力

スキル
分析力

ルール
運営基準

ルール
人員基準

ルール
算定基準

定　義

記　載

BEST!
最適解

連　携

考え方

Q164

訪問介護の区分決定

訪問介護の区分（身体介護や生活援助等）決定はケアマネジャーが行うべきことか？

A ケアマネジャー・利用者（または家族）・訪問介護事業所で合意する。

　訪問介護計画の作成においては、ケアプランに沿ったものでなければなりません[1]。そういった意味では、支援開始前の区分についてはケアマネジャーが検討することになります。しかし、訪問介護の提供にあたっては、サービス担当者会議等を通じて、利用者の心身の状況やその置かれている状況を把握しなければならないことになっています[2]。また、訪問介護計画の同意については、支援前に利用者の同意を得なければならないことから、支援開始時には、ケアマネジャー・利用者(または家族)・訪問介護事業所の三者が合意した区分内容が提供されることになります。

[1]　指定居宅サービス等の事業の人員、設備及び運営に関する基準　第24条
[2]　同上　第13条

Q165

生活援助の回数について

訪問介護の生活援助は、一定数以上を絶対に超えてはいけないのか？

A 必要性があれば、回数は制限されない。

　生活援助は必要以上のサービス提供を招きやすい構造的な課題（一定の間隔を空ければ1日に複数回報酬を算定可能）を抱えているため、一定数を超えた場合には市町村へ届け出ることになっています。届けられたケアプランについては、市町村が地域ケア会議や行政職員を派遣する形で行うサービス担当者会議の開催等により多職種協働による検証を行い、その内容の是非を確認します[1・2]。これは一定数以上を超えてはならないという意味ではありません。運営基準において、「介護支援専門員は、居宅サービス計画に厚生労働大臣が定める回数以上の訪問介護を位置づける場合にあっては、

6

その他（サービス調整等）

第**2**章　ケアマネジメント実務編

124

その利用の妥当性を検討し、当該居宅サービス計画に訪問介護が必要な理由を記載するとともに、当該居宅サービス計画を市町村に届け出なければならない」と記載されています※3。これは「必要性を明記し、市町村に届けることで、一定回数以上の生活援助を位置づけられる」と解釈することができます。市町村への届け出は、利用者の自立支援を目的としたものであり、回数で判断するものではないということを理解しておきましょう。

※1　介護保険最新情報Vol.652　「厚生労働大臣が定める回数及び訪問介護」の公付について
※2　生活援助の訪問回数の多いケアプランの検証についてはQ205を参照
※3　指定居宅介護支援事業等の事業の人員及び運営に関する基準（平成11年厚生省令第38号）第13条第18号の2

Q166 ヘルパー本人の家族への訪問介護

ヘルパー本人の家族へ訪問介護を提供することは可能か？

A 同居家族は原則禁止だが、別居家族は保険者判断となる。

　運営基準において、同居家族へのサービス提供は禁止されています（離島や山間部などの例外を除く）※。一方で別居家族へのサービス提供は明記されておらず、各保険者の判断となります。一切を禁止している保険者や、理由書の提出を求める保険者など、個別に対応が変わりますので、対象地域の保険者に確認してください。

※　指定居宅サービス等の事業の人員、設備及び運営に関する基準　第42条の2

Q167 同居家族がいる場合の見守り的援助

見守り的援助（身体介護）により掃除や洗濯など生活行為を行う場合、同居家族がいても介助を行うことは認められるか？

A 自立支援・重度化防止目的であれば、認められる。

　自立生活支援のための見守り的援助は、利用者とともに行うことで自立支援・重度化防止を目的とするものです。同居家族の有無は

スキル
面接力

スキル
質問力

スキル
分析力

ルール
運営基準

ルール
人員基準

ルール
算定基準

定　義

記　載

BEST!
最適解

連　携

考え方

特に要件にはありません。例えば、以前の生活習慣の喚起を促す目的をもって、認知症の利用者とゴミの分別をしたり、冷蔵庫の整理などを行うことも含まれます。

　ただし、ケアプランに明確に位置づける必要があるため、なぜその支援を位置づけたのかを明確にし、長期目標や短期目標、および期間の設定は具体的に記載するようにしましょう。また、それぞれの目標に応じた、適切な評価による必要性の見きわめも必要となります。支援の範囲は日常生活に関する動作ですので、訪問介護計画等との擦り合わせも行うようにしてください。

Q168 生活援助の範囲① ¥

普段利用していない客間の掃除について、生活援助でサービス提供することは可能か？

A　生活援助では提供できない。

　「訪問介護におけるサービス行為ごとの区分等について」※には、生活援助の範囲が定められています。掃除は生活援助の範囲となりますが、次のような行為は生活援助には含まれません。
① 　商品の販売・農作業等生業の援助的な行為
② 　直接、本人の日常生活の援助に属しないと判断される行為
　普段利用していない客間ということは②に該当すると考えられますので、生活援助の対象にはなりません。

※　訪問介護におけるサービス行為ごとの区分等について

Q 169

生活援助の範囲②

家族の介護負担軽減のため、ヘルパーが、
利用者の食事と一緒に家族の食事を
つくってあげてもよいですか？

A 生活援助の範囲には含まれない。

　訪問介護における生活援助の対象は、「単身の世帯に属する利用者
又は家族若しくは親族（以下「家族等」という。）と同居している利
用者であって、当該家族等の障害、疾病等の理由により、当該利用
者又は当該家族等が家事を行うことが困難であるもの」となりま
す※1。また、家族と同居している場合においては、直接本人の援
助に該当しない行為（家族の利便に供する行為等）は生活援助の範
囲に含まれません※2。問いのような相談を受けた場合、市町村が
実施する軽度生活援助事業、配食サービス等の生活支援サービス、
特定非営利活動法人（NPO法人）などの住民参加型福祉サービス、
ボランティアなどの活用を助言することになります※3。

※1　指定居宅サービスに要する費用の額の算定に関する基準（平成12年厚生省告示第19号）
　　　別表の1の注3
※2　指定訪問介護事業所の事業運営の取扱等について（平成12年老振第76号）別紙の1
※3　同上　2②

Q 170

同一時間帯のサービス提供について

訪問看護や訪問入浴介助を受けている間に、
訪問介護のベッドメイクや掃除・洗濯等の
生活援助を併せて受けることは可能か？

A できない。

　訪問サービスは、**同一時間帯に一つのサービスを利用すること**
を原則としており、同一時間帯に複数種類の訪問サービスを利用す
ることはできません※。ただし、訪問介護と訪問看護、または訪問
介護と訪問リハビリテーションに限っては、適切なアセスメントの
うえ、同一時間帯に利用することが介護のために必要があると認め

スキル
面接力

スキル
質問力

スキル
分析力

ルール
運営基準

ルール
人員基準

ルール
算定基準

定　義

記　載

BEST!
最適解

連　携

考え方

られる場合に限り、利用することが可能です（例えば、家庭の浴槽で全身入浴の介助をする場合に、適切なアセスメントを通じて、利用者の心身の状況や介護の内容から同一時間帯に訪問看護を利用することが必要であると判断された場合など）。これはあくまで利用者の心身の状況や介護の内容に応じた例外的な取り扱いですので、問いのような場合には適応となりません。

※ 指定居宅サービスに要する費用の額の算定に関する基準（訪問通所サービス、居宅療養管理指導及び福祉用具貸与に係る部分）及び指定居宅介護支援に要する費用の額の算定に関する基準の制定に伴う実施上の留意事項について　第二の1(4)

Q171 訪問介護による送迎 ¥

ショートステイやデイサービスの送迎を訪問介護に依頼することは可能か？

A 以下のとおりである。

　短期入所サービスにかかる送迎は、送迎にかかる体制があるときは送迎の実施の有無にかかわらず訪問介護費の算定は認められません。ただし、事業所に送迎の体制がない場合で、送迎の必要性があり、代替の送迎が見込めないときなどは訪問介護費等の算定を認められます。通所サービスの送迎に要する費用は通所介護費等においてすでに評価されていることから、訪問介護員等による送迎を、別途、訪問介護費として算定することはできません※。

※ 指定居宅サービスに要する費用の額の算定に関する基準（訪問通所サービス、居宅療養管理指導及び福祉用具貸与に係る部分）及び指定居宅介護支援に要する費用の額の算定に関する基準の制定に伴う実施上の留意事項について　第二の1(6)

Q172 2か所のショートステイの利用 ¥

2か所のショートステイを利用しており、
退所日と入所日が一緒になった場合、
利用日は何日と数えるのか?

A 2か所の事業所が「同一敷地内」でなければ、
それぞれの利用日数で算定可能。

「短期入所、入所又は入院の日数については、原則として、入所等した日及び退所等した日の両方を含むものとし、例外として、同一敷地内における施設の間で同日に退所・入所した場合は入所等の日は含み、退所等の日は含まれない」※とあります。そのため、同一敷地内のショートステイ事業所間での退所・入所であれば、退所日は算定することができませんが、そうでない場合、両事業所での退所日・入所日とも算定可能です。

※ 指定居宅サービスに要する費用の額の算定に関する基準（短期入所サービス及び特定施設入居者生活介護に係る部分）及び指定施設サービス等に要する費用の額の算定に関する基準の制定に伴う実施上の留意事項について（平成12年老企第40号）第二の1(2)

Q173 家族のレスパイト

家族のレスパイトを目的とした
ショートステイの利用はありか?

 あり。

「利用者の家族の身体的及び精神的負担の軽減を図るものでなければならない」※とされています。

※ 指定居宅サービス等の事業の人員、設備及び運営に関する基準　第120条・第141条

スキル
面接力

スキル
質問力

スキル
分析力

ルール
運営基準

ルール
人員基準

ルール
算定基準

定　義

記　載

最適解

連　携

考え方

Q174

通所介護と通所リハビリの違い

通所介護と通所リハビリテーションの
違いと活用方法を教えてほしい。

A 以下のとおりである。

介護保険法では、「「通所介護」とは、(中略)、入浴、排せつ、食事等の介護その他の日常生活上の世話であって厚生労働省令で定めるもの及び機能訓練を行うことをいう」※1とされており、一方で「「通所リハビリテーション」とは、(中略)、介護老人保健施設、介護医療院、病院、診療所その他の厚生労働省令で定める施設に通わせ、(中略) 必要なリハビリテーションをいう」※2となっています。

大きな違いとしては、通所リハビリテーションは医療法上の医療提供施設でしか提供できず、「医学的管理」の有無という点が挙げられます。その観点から活用方法の例として、脳血管障害後などで入院・入所の必要はなくなり、病状は安定したが、医学的管理の下、通所リハビリテーションで集中的なリハビリテーションを受け、ある程度日常生活が安定したあとは、通所介護に移行し、再び悪化したら通所リハビリテーションで医学的管理の下でリハビリテーションを行うといった交互利用をすることなどが挙げられます。**利用者の状態像に応じた利用方法**を考えましょう。

※1　介護保険法（平成9年法律第123号）第8条第7項
※2　同法第8条第8項

Q175

機能訓練とリハビリテーションの違い

通所介護の機能訓練と通所リハビリテーションのリハビリテーションはどう違うのか？

A 以下のとおりである。

機能訓練の定義は、理学療法士、作業療法士、言語聴覚士、看護師、柔道整復師、あん摩マッサージ指圧師などが「**減退防止**」を目的に提供する訓練のこととされています※1。

一方で、リハビリテーションの定義は、医師の指示に基づき理学療法士、作業療法士、言語聴覚士などの専門職種が「**身体機能の維持・回復**」を目的に提供する訓練のことです※2。

「**医師の指示**」がキーワードとなります。機能訓練もリハビリテーションも利用者一人ひとりの能力に合わせて運動や体操、生活機能訓練を提供しますが、利用目的による医学的な管理の必要の有無が両者の大きな違いといえます。

※1　指定居宅サービス等の事業の人員、設備及び運営に関する基準　第92条
※2　介護保険法施行規則（平成11年厚生省令第36号）第11条

スキル
面接力

スキル
質問力

スキル
分析力

ルール
運営基準

ルール
人員基準

ルール
算定基準

定義

記載

最適解

連携

考え方

Q176 通所系サービスの送迎

通所系サービスの送迎はどこまでやってもらえるのか？　事業所によって、玄関まで、居室内まで、と違いがあるので迷ってしまう。

A サービス担当者会議で範囲を取り決めておく。

事業所の方針などによって送迎の範囲、特に家屋内については違いがあります。利用者の状態像によってどこまでの送迎介助が必要かを事業所と共有することが必要です。ケアプランの位置づけによって、通所サービスの送り出しに訪問介護を活用することは可能ですので、サービス担当者会議などで送迎の範囲はどこまで必要なのかを検討し自立支援に資する送迎範囲を決定しましょう。

Q177 短期入所の緊急とは

短期入所の緊急とはどのような場合か？

A 以下のとおりである。

「緊急短期入所受入加算」の要件では、以下のとおりです※。
・利用者の状態や家族等の事情により、介護支援専門員が、緊急に

短期入所生活介護を受けることが必要と認めた者に対し、居宅サービス計画に位置づけられていない短期入所生活介護を緊急に行った場合。

・緊急短期入所受入加算として短期入所生活介護を行った日から起算して7日（利用者の日常生活上の世話を行う家族の疾病等やむを得ない事情がある場合は14日）を限度として算定可能。

※ 指定居宅サービスに要する費用の額の算定に関する基準　別表の8の注15・別表の9の注8

Q178 看護師とリハビリ職の訪問 ¥

訪問看護ステーションからの、
看護師とリハビリテーション職の訪問を
同日に位置づけてもよいか？

 看護師と理学療法士等が同一日に訪問することは可能。

さらに看護師の訪問時間と理学療法士等の訪問時間も合算する必要はありません。なお、一人の利用者に対して連続して訪問看護を提供する必要性については、適切なケアマネジメントに基づき判断することとされています※。

※ 指定居宅サービスに要する費用の額の算定に関する基準（訪問通所サービス、居宅療養管理指導及び福祉用具貸与に係る部分）及び指定居宅介護支援に要する費用の額の算定に関する基準の制定に伴う実施上の留意事項について　第二の4(3)・(4)

Q179 特定施設への入所と福祉用具 ¥

特定施設に入所の決まった利用者に、
介護用ベッドを利用したいと言われた。
介護保険は利用できるか？

 利用できない。

特定施設入所者生活介護※を利用すると介護保険は「包括報酬」となりますので福祉用具貸与のサービスは利用できません。

「使い慣れたベッドを入所後も使いたい」などとどうしても利用し

たいと希望される場合は、自費での貸与となります。

※ 介護保険法　第8条第11項

スキル
面接力

スキル
質問力

スキル
分析力

ルール
運営基準

ルール
人員基準

ルール
算定基準

定　義

記　載

BEST!
最適解

連　携

考え方

Q180 要介護度と福祉用具 ¥

要介護1の利用者が車いすレンタルをしたいときはどうしたらよいか?

例外給付に該当するか確認する。

　車いすレンタルの対象者は要介護2〜5です。しかし、ここに該当しない場合でも一定の基準を満たしている場合は例外としてレンタルを受けることができます※。

　「医師の意見（医学的所見）」に基づいて判断され、担当者会議などを経た適切なケアマネジメントの結果を踏まえていることを市町村が確認しているものであれば、例外給付を認めるとされています。しかし、これはあくまでも例外的措置であり、例外給付は手続きも煩雑であることから（自治体によっては例外給付の理由書として、専門家の意見を記載し自治体に許可を得る必要がある場合があります）区分変更を行うほうがスムーズな場合もあります。

※ 厚生労働大臣が定める基準に適合する利用者等（平成27年厚生労働省告示第94号）第31号
イ

Q181 床ずれ防止用具のみの貸与 ▶

床ずれ防止用具のみを貸与することは可能か?

可能。

　床ずれ防止用具が特殊寝台付属品で貸与をしている物であれば要介護2以上で寝台を貸与か持参している利用者のみ可能です。しかし、床ずれ防止用具のみの貸与は「マットレス、サイドレール等であって、特殊寝台と一体的に使用されるものに限る※」とされていますので、床ずれ防止用具が必要な状態だが居室にベッドが置けず

やむを得ない状況であるとか、自前で特殊寝台を所有しているなど特別な状態にあることが貸与の要件になると考えられます。保険者によって軽度者申請が必要な場合もありますので、まずは保険者に状況を説明したうえで確認を取ってください。

※ 厚生労働大臣が定める福祉用具貸与及び介護予防福祉用具貸与に係る福祉用具の種目（平成11年厚生省告示第93号）

Q182 同一サービスの2事業所利用 ¥

同一サービスを2事業所利用してはいけないか？

 A 同一サービスの2事業所での利用は可能である。

　ただし、2事業所を利用する根拠がはっきりしていて、その根拠に基づいてケアプランをたて、しっかりと説明できることが必要になります。例えば、通所介護の場合、要介護の利用者であれば複数件の通所介護を利用することは可能ですが、それぞれの利用目的を明確にしたうえで事業所間の連携をとることが大切です。ただし、要支援の利用者は利用料金が定額制なので複数の通所介護を利用することはできません。保険者によっては指導の対象となる地域もあるようなので、2か所を利用する理由がはっきりと必要です。

Q183 短期入所の利用 ↩

短期入所は、認定有効期間の半数以上利用しては絶対にいけないのか？

 A 弾力的な運用は可能。

　居宅サービス計画に短期入所生活介護または短期入所療養介護を位置づける場合は、利用者の心身の状況等を勘案して特に必要と認められる場合を除き、短期入所生活介護等を利用する日数が「要介護認定の有効期間の概ね半数を超えない」ようにしなければならないとされています。

「要介護認定の有効期間の概ね半数を超えない」という目安については、個々の利用者の心身の状況やその置かれている環境等の適切な評価で、在宅生活の維持のための必要性に応じて弾力的に運用することが可能であり、要介護認定の有効期間の半数の日数以内であるかについて機械的な適用を求めるものではありません。したがって、この目安を超えて短期入所サービスの利用が特に必要と認められる場合においては、これを上回る日数の短期入所サービスを居宅サービス計画に位置づけることも可能です※。

なお、保険者によっては、半数を超えた場合の申請書を設けているところもありますので、必要な手続きについて保険者に確認をしてください。

※　運営基準等に係るＱ＆Ａについて（平成13年３月28日事務連絡）Ｖ１

スキル
面接力

スキル
質問力

スキル
分析力

ルール
運営基準

ルール
人員基準

ルール
算定基準

定　義

Q184　地域密着型サービス

地域密着型サービスは、その保険者以外の者は絶対に利用することができないのか？

A 原則は利用できないが、絶対ではない。

介護保険制度における地域密着型サービスは、原則としてその施設がある市町村の被保険者のみが利用できるものです。しかし、特別な事情があるときは、特例として事業所の所在市町村長等の同意により、他市町村の被保険者の利用が可能となっています。

具体的には、利用者の住所地の地域担当窓口に利用届を提出し、提出の受理後に当該市町村から利用にかかる同意が得られれば事業者指定の手続きに進み、手続きが完了することで他市町村の地域密着型サービスを利用することが可能になります※。

※　介護保険法　第78条の2

記　載

最適解

連　携

考え方

Q185 病院からの外泊中の介護サービス利用 ¥

病院からの外泊中に介護サービスを利用することは可能か？

A 入院中の利用者が「外泊」をした場合には介護サービスを受けることはできない。

　医療保険適用病床入院からの外泊中に受けた訪問通所サービスについては介護保険による算定はできない、とされています※。

　また、外泊中に訪問看護を利用した場合も医療保険での利用となり、介護保険サービスでは利用できません。

※　介護報酬等に係るQ&A　Vol.2（平成12年4月28日事務連絡）Ⅰ(1)①4

Q186 住宅改修 ¥

住民票を移さなければ、必要な住宅改修はできないのか？

A 住宅改修は現に居住しており、住所地の住宅のみとなる。

　介護保険の資格管理は、介護保険要介護・要支援認定を住民票登録地の市町村にすることになります。介護保険の住宅改修は、現に居住する住宅を対象としており、住所地の住宅のみが対象となります。利用者が子の住宅に一時的に身を寄せている場合、子の住宅に住所地が移されていれば介護保険の住宅改修の支給対象となります※。

　補足ですが、入院中の場合、退院後の住宅についてあらかじめ改修しておくことも必要ですので、事前に市町村に確認をしたうえで住宅改修を行い、退院後に住宅改修費の支給を申請することは差し支えないとされています。

※　介護報酬等に係るQ&A　Vol.2（平成12年4月28日事務連絡）Ⅲ③5・6

Q187 住宅改修の3段階リセット

住宅改修の3段階リセットについて、具体例を教えてほしい。

A 以下のとおりである。

要介護状態区分が3段階以上上がった場合、初めて住宅改修費を行った時点の要介護状態区分から、3段階以上重度になった場合には、1回限りで再度20万円まで受給することができます。例えば、要介護1と認定されている人が住宅改修費を20万円まで利用したあとに要介護4と変更されれば、支給可能額がリセットされて、再度20万円まで利用することができます※。

※ 居宅介護住宅改修費及び介護予防住宅改修費の支給について（平成12年老企第42号）

表2－5　3段階リセット

「介護の必要の程度」の段階	要介護等状態区分	3段階リセット
第六段階	要介護5	3段階
第五段階	要介護4	2段階
第四段階	要介護3	1段階
第三段階	要介護2	
第二段階	要支援2または要介護1	
第一段階	要支援1または経過的要介護　旧　要支援	

スキル 面接力

スキル 質問力

スキル 分析力

ルール 運営基準

ルール 人員基準

ルール 算定基準

定　義

記　載

BEST! 最適解

連　携

考え方

Q188 住所地特例

住所地特例とは何か？

A 施設入所時、住所地が変わっても
旧住所地の市区町村が継続して保険者となる特例。

住所地特例とは、介護保険の被保険者がほかの市区町村にある住所地特例対象施設に入所し、施設の所在地に住民票を移した場合、入所する前に住民票があった市区町村が引き続き保険者となるというものです※。

介護保険では、原則として被保険者の住民票のある市区町村が保険者となりますが、この原則どおりに介護保険制度を運用すると、介護保険施設が多い市区町村に人が集まることによって介護保険給付にかかる費用が財政を圧迫することになり、介護保険施設が少ない市区町村との財政的な不均衡が生じてしまいます。

このような事態を避けるために住所地特例制度が設けられており、被保険者が他市区町村の介護保険施設に住民票を移した場合には、施設の所在地である市区町村ではなく、住民票を移す前の市区町村が引き続いて保険者となります。

※ 介護保険法 第13条

図2－5 住所地特例

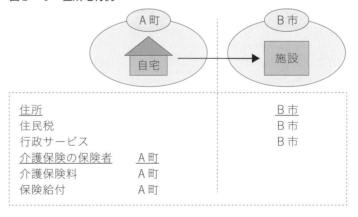

	A町	B市
住所		B市
住民税		B市
行政サービス		B市
介護保険の保険者	A町	
介護保険料	A町	
保険給付	A町	

Q189 住所地特例の利用者 ¥

地域密着型通所介護を位置づけるときに、住所地特例の利用者は利用可能か？

A 利用可能なサービスもあるが地域密着型通所介護は不可。

　地域密着型サービスは、身近な市町村の単位でサービスの運営を行うことを基本とするという観点から、住所地特例の対象外とされています。

　住所地特例対象者が受給できる地域密着型（介護予防）サービスは、定期巡回・随時対応型訪問介護看護、夜間対応型訪問介護、（介護予防）認知症対応型通所介護、（介護予防）小規模多機能型居宅介護および複合型サービスとなっています※。ですから地域密着型通所介護は、住所地特例の利用者が利用することはできません。詳しくは施設所在地の市町村に問い合わせてください。

※　介護保険事務処理システム変更に係る参考資料の送付について（平成26年7月28日事務連絡）資料2　住所地特例に係る事務の見直しの概要について

Q190 虐待への対応 BEST!

虐待が疑われるケースに出合ったときにどのように対応すればよいか？

A 一人で抱え込まず事業所や市町村に相談する。

　高齢者虐待の防止、高齢者の養護者に対する支援等に関する法律（平成17年法律第124号）では「養護者による高齢者虐待を受けたと思われる高齢者を発見した者は、当該高齢者の生命又は身体に重大な危険が生じている場合は、速やかに、これを市町村に通報しなければならない」※1とされています。一人で抱え込まず、事業所責任者や地域包括支援センター・市町村の担当者に相談しましょう。「疑われる」という不確定な状態で通報・相談することは不安であるかもしれません。しかし、法律では通報者を特定させない守秘義務も定められています※2ので、虐待と思われる場合は、生命の危機が

スキル
面接力

スキル
質問力

スキル
分析力

ルール
運営基準

ルール
人員基準

ルール
算定基準

定　義

記　載

最適解

連　携

考え方

ある場合も考え、ためらわずに通報・相談を心がけましょう。

　また、令和3年度の介護報酬改定において、高齢者虐待防止の推進が義務づけられています（→Q217（p.159参照））。

※1　高齢者虐待の防止、高齢者の養護者に対する支援等に関する法律　第7条
※2　同法　第17条・第23条

Q191　個人情報

普段連絡を取っていない親族から、利用しているショートステイの施設名を尋ねられたが、答えてもよいのか？

A　答えないのが無難。

　個人情報ですので原則「お答えできない」とするのが無難です。このような問い合わせがある場合、親族と主介護者との関係で相続等、トラブルの可能性がある場合もあるので、親族間で連絡を取っていただくことを促しましょう。

Q192　ハラスメント

利用者・家族からセクハラ・パワハラまがいの行為を受けることがある。どうしたらよいか？

A　一人で抱え込まず、事業所・保険者を巻き込んで解決する。

　介護現場では、利用者や家族等による介護職員への身体的暴力や精神的暴力、セクシュアルハラスメントなどが少なからず発生していることが明らかとなっています。これは、介護サービスは直接的な対人サービスが多く、利用者宅への単身の訪問や利用者の身体への接触も多いこと、女性の職員の割合が高いこと、QOL（生活の質）や健康に直接関係するサービスであり安易に中止できないこと等と関連があると考えられます※。

　一人で問題を抱え込まず、事業所や保険者などを巻き込んで事業

その他（サービス調整等）

第2章　ケアマネジメント実務編

所・地域が一体となって取り組むべき課題です。

　事業所などに相談しやすい体制と今後の対応への明確な方針の提示、事業所内での情報共有、利用者・家族等への啓発や再発防止の働きかけなどを、求めていくことが重要です。

　また、セクハラ・パワハラに対しては、令和3年度の制度改正において、ケアマネジャーの就業環境が害されることを防止するための方針の明確化や措置を講じることが義務づけられました（→Q211
（p. 155参照））。

※　介護保険最新情報Vol.718　「介護現場におけるハラスメント対策マニュアル」について

Q193　ひきこもりの子どもがいる利用者への対応

家族にひきこもりのお子さんがいるので気になっているが、ケアマネジャーはどこまで支援すればよいのか悩んでいる。

A　相談援助専門職としての対応を心がける。

　ひきこもりについては、**8050問題**（80代の親と50代の子の親子関係問題）も含め、社会問題となっています。定期的に自宅を訪問するケアマネジャーは、その問題に気づきやすい立場といえます。子のひきこもりが、利用者への虐待やサービス拒否の理由になるなど、生活課題として表面化しているのであれば、関係機関（職種）との協議が必要となります。また、直接生活の支障となっていない場合においても、国の施策として「**ひきこもり地域支援センター**」を都道府県や指定都市に設置していますので、情報提供には努めていきましょう。また、必要に応じて直接連携をとっていくことも考えられます。ケアマネジャー自身が支援をするのではなく、必要な社会資源につないでいくことが重要です。

　家族問題が利用者の生活支援において潜在的な課題となっていることもあります。「自分は利用者のケアマネジャーだから」と、目をつぶるのではなく、家族も視野に入れた支援者であることを心がけてください。

　また、ケアマネジャーは相談援助専門職として、利用者や家族の

スキル
面接力

スキル
質問力

スキル
分析力

ルール
運営基準

ルール
人員基準

ルール
算定基準

定　義

記　載

BEST!
最適解

連　携

考え方

自己決定を支援する立場にあります。私たちが結論を出すのではなく、結論を出すための過程を支援する、という立ち位置を忘れないでください。

Q194 ケアマネジャー本人の家族への居宅介護支援

ケアマネジャー本人の家族への居宅介護支援はできるのか?

A 制度上は禁止されていない。

訪問介護とは違い、同居の有無に限らず特に定めはありません。保険者の判断で制限している場合もありますので、対象地域の保険者にご確認ください。家族のケアマネジャーとなる場合、当然、居宅介護支援としての一連の流れ（アセスメント・サービス担当者会議・モニタリング等)は行うことになります。客観的な課題分析や、モニタリングを意図した面接など、家族と専門職の立ち位置の違いに戸惑うこともあるかもしれません。担当できる・できないということではなく、感情的に対応してしまうなど、利用者の不利益にならないような配慮は必要となります。

Q195 身分証明書の携行

身分証明書は常に身につけなければならないのか?

A 身につけなければならない。

ケアマネジャーは運営基準において、身分を証明する書類の携行が義務づけられています※。初回訪問時および利用者や家族から求めがあった場合には、これを提示しなければならないことになっていますので、身分を証明する書類については常に身につけなければなりません。

※ 指定居宅介護支援等の事業の人員及び運営に関する基準　第9条

その他（サービス調整等）

第2章　ケアマネジメント実務編

Q196

利用申し込みを断る条件

居宅介護支援の利用申し込みを断ることができる条件は？ 経験不足を理由に、ターミナルのケースを断ってもよいか？

A 正当な理由なく、利用の申し込みを断ることはできない。

運営基準においては、指定居宅介護支援の利用申し込みに対し、正当な理由なくサービス提供を拒否することを禁止しています※1。正当な理由として示されているのは、①当該事業所の現員では利用申し込みに応じきれない場合、②利用申込者の居住地が当該事業所の通常の事業の実施地域外である場合、③利用申込者がほかの指定居宅介護支援事業所にも併せて指定居宅介護支援の依頼を行っていることが明らかな場合等、となります※2。経験不足を理由としたサービス提供の拒否はできないことになっています。ケースの対応に自信がないときには、事業所内・外の経験のあるケアマネジャーに相談したり、訪問看護などとの連携を深めていきましょう。

※1　指定居宅介護支援等の事業の人員及び運営に関する基準　第5条
※2　指定居宅介護支援等の事業の人員及び運営に関する基準について（平成11年老企第22号）第二の3(3)

Q197

保険者の指導とテキスト等の違い

保険者の指導と、テキスト等に書かれている内容が違う場合、どちらを根拠とすればよいのか？

A 根拠法を確認したうえで、保険者に確認する。

テキストに書かれている内容は概ね介護保険法などの法律や厚生労働省令などに基づいて書かれているものです。根拠としては、法律が一番になります（図2-6参照）。

介護保険は市町村（または特別区）を保険者とし、事業者への指導・監督を行います。その際、保険者の指導は条例を根拠としてお

スキル
面接力

スキル
質問力

スキル
分析力

ルール
運営基準

ルール
人員基準

ルール
算定基準

定　義

記　載

最適解

連　携

考え方

ります。条例は地方自治法に定めるとおり、本来、法に違反しない範囲において制定されるものですので、基本的には厚生労働省令等と大きく変わるものではありません。

　厚生労働省令と保険者の指導に違いがある場合、文面の解釈の違いということがあります（いわゆる保険者のローカルルールで決められた、独自の書式などが存在していることもあります）。解釈によるものか、条例によるものなのかを確認したうえで、保険者に確認しましょう。

図2-6　法律の優先順位

Q198 利用者住所の保険者と事業所住所の保険者

利用者住所の保険者と事業所住所の保険者が違う場合、どちらの基準を根拠とするのか？

A 原則、事業所所在地の保険者。

　介護保険における指導という観点では、都道府県・市町村が介護保険事業者に対して行うものなので事業所所在地住所の保険者の基準が根拠になります。地域密着型サービスの一部を除き介護保険サービスは住所地が違っていても利用できます。しかし、利用者住所が住民票の異動を行っておらず、実際の住所が事業所住所にあってサービス利用をしている場合等は利用者住所の保険者に状況を説明して相談する必要が生じます。

Q199 実地指導と監査の違い ▶

実地指導と監査の違いは何か？

A 以下のとおりである。

介護保険における「指導」とは適切な介護サービスの取り扱いや介護報酬の請求等を徹底させるために、都道府県・市町村が介護保険事業者に対して指導を行うものをいい、事業所に出向いて現地で行うことが「実地指導」です。都道府県や市町村において指導計画に基づいて定期的・計画的に行われます。

一方、「監査」は介護サービス事業者に指定基準違反や介護報酬の不正請求等が疑われる場合に事実関係の把握と適切な措置をとるために行われるものです。通報や苦情等により不正等が疑われる場合に機動的に事業所に立ち入り、実地検査を行い指定基準違反等があった際は改善勧告・改善命令・指定取消がされます※1・2・3。

※ 介護保険法 第23条・第24条・第76条など
※ 介護保険施設等の指導監督について（平成18年老発第1023001号）
※ 介護保険施設等実地指導マニュアル（改訂版）について

Q200 介護認定の不服申し立て ▶

介護認定の不服申し立てはどこにすればいいの？

A 介護保険審査会に申し立てることができる。

不服申し立てとは要介護認定の結果に納得できない場合の対処法の一つで、介護認定の結果通知を受け取った日の翌日から60日以内に各都道府県に設置されている介護保険審査会に申し立てをすることによって行うことができます※。

審査請求を受けた介護保険審査会は、請求者や市町村の主張等の再調査を実施したうえで、保健、医療、福祉、法律等に関する学識経験者などが合議を行い、法令や条例に照らしながら、決定内容に不当性、違法性がないか審査します。

スキル
面接力

スキル
質問力

スキル
分析力

ルール
運営基準

ルール
人員基準

ルール
算定基準

定義

記載

BEST!
最適解

連携

考え方

※　介護保険法　第183条ほか

Q201 介護保険料の連帯納付義務 ▶

介護保険料の連帯納付義務とは何か？

A 以下のとおりである。

　介護保険において、第1号被保険者が属する世帯の世帯主および第1号被保険者の配偶者は保険料の連帯納付義務を負うことを法律で課せられています※。これは保険料の徴収について、確実かつ公平性をもって支払いが行われるための仕組みです。

※　介護保険法　第132条

Q202 区分変更申請 ▶

介護区分を下げるために区分変更申請を行うことは可能か？

A 「介護度を下げてもらいたい」という区分変更申請は可能。※

　少数ではありますが、被保険者の状態が改善したから要介護度を軽くしてほしいと区分変更の申請を行うという利用者もいます。理由として、要介護の利用者なら介護度が上がると介護サービスなどの単価が上がってしまいますし、要支援1と要支援2はサービスのほとんどが1か月単位の定額制ですので、もともと少ししかサービスを利用する必要がない利用者にとっては経済的に負担となってしまう場合もあることがあります。

※　介護保険法　第30条

ほかの保険者へ転居した場合、再度介護申請を行わなければならないのか？

 原則的には市区町村を越えて転居した場合は、再認定を受ける必要がある。

しかし、一定期間以内に手続きをすることにより、転居先でも要介護認定を引き継げます。転出の手続きの際に介護保険の「受給資格証明書」を受け取り、転入先の自治体に14日以内に提出し転入手続きをします。これによって要介護状態区分を引き継ぐことができます※。

14日を過ぎると、介護認定を新たに受けなくてはならず、認定が出るまでの間は全額自己負担で介護サービスを受けることになります。

※ 介護保険法　第36条

スキル
面接力

スキル
質問力

スキル
分析力

ルール
運営基準

ルール
人員基準

ルール
算定基準

定　義

記　載

BEST!
最適解

連　携

考え方

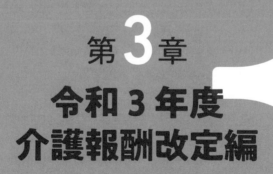

第3章

令和3年度
介護報酬改定編

1 運営基準・管理業務

Q204 認知症にかかる取り組みの情報公表

認知症にかかる事業者の取り組み状況が、介護サービス情報の公表内容に追加されたが、どのような取り組みが対象になるのか？
また、取り組んでいない場合は、介護報酬の減算等の対象になるのか？

A 取り組みは以下のとおり。
減算の対象にはならない。

公表内容に追加される対象項目は、「従業者の教育訓練のための制度、研修その他の従業者の資質向上に向けた取組の実施状況」における、「認知症介護指導者研修」「認知症介護実践リーダー研修」「認知症介護実践者研修」等の受講人数です。

また、介護報酬の減算等のペナルティですが、上記の取組内容は、介護サービス情報の公表内容に関するものであり、**運営基準や算定基準に定められるものではないため、介護報酬の減算等の対象にはなりません**。ただし、今回の制度改正では、すべてのサービスについて無資格の介護職員に対して、認知症介護基礎研修を受講させることが義務づけられました。このため、全サービス事業所において認知症にかかる取り組みに対して注力していくことが想定されます。これにより、介護サービス情報の公表における認知症にかかる事業者の取組状況への記載欄に対して、居宅介護支援事業所以外のサービスを含め、受講人数を記載する事業所が多くなることが考えられます。

Q205

生活援助の訪問回数が多いケアプランの検証

生活援助の訪問回数が多いケアプランの検証については、該当月ごとの届出が、1年ごとの届出に見直されたが、その間は、訪問回数が増えても、届出は不要か？

 不要。

　平成30年度の介護保険法改正において導入された生活援助の訪問回数が多いケアプランの検証※について、訪問回数が「全国平均利用回数＋2標準偏差（2SD）」の規定に該当するケアプランの場合、保険者に届出が必要で、該当する月はすべて届出が必要となっていました。今回の改正では、規定に該当し、届出を行い、**ケアプランの検証を行った場合は、次回の届出は1年後**とされました。また、検証方法も従来は、地域ケア会議とされていましたが、これに加えて行政職員やリハビリテーション専門職を派遣する形で行うサービス担当者会議等での対応も可能となりました。

※　指定居宅介護支援等の事業の人員及び運営に関する基準について（平成11年老企第22号）第二の3⑻⑲

Q206

サービス付き高齢者向け住宅等における適正なサービス提供の確保

サービス付き高齢者向け住宅等入居の利用者に対するケアプランを作成する居宅介護支援事業所への指導が強化されるのか？

 抽出対象の場合、指導の強化となる。

　同一のサービス付き高齢者向け住宅等に居住する利用者のケアプランについて、**区分支給限度基準額の利用割合が高い利用者が多い場合**※1・2、**点検・検証の対象となります**。この場合、併設される介護サービス事業所の特定も行い、ケアプランを作成した居宅介護支援事業所が事業所単位で抽出されます。また、サービス付き高齢者向け住宅等における家賃の確認やケアプランの確認等を通じ

スキル
面接力

スキル
質問力

スキル
分析力

ルール
運営基準

ルール
人員基準

ルール
算定基準

定　義

記　載

BEST!
最適解

連　携

考え方

て、介護保険サービスが入居者の自立支援等につながっているかの観点も考慮し、自治体による指導の徹底を図るとされています。これらの点検・検証は、令和3年10月から施行される予定です。

※1　指定居宅介護支援等の事業の人員及び運営に関する基準（平成11年厚生省令第38号）第13条第18号の3
※2　指定居宅介護支援等の事業の人員及び運営に関する基準について　第二の3(8)⑳

Q207　感染症対策の強化

感染症対策の取り組みは従来から整備している衛生管理のマニュアルでも対応可能か？

A 従来のものでは対応しきれない可能性がある。

介護保険施設に併設されている居宅介護支援事業所であれば、従来から衛生管理について、感染症の発生およびまん延防止を目的とした対策を実施している場合もあるかと思います。今回の改正では、従来から感染症対策が義務づけられている施設系サービスにおいても委員会の設置、指針の整備、研修の実施という**従来の取組に加え訓練（シミュレーション）の実施が追加**されました。よって、居宅介護支援事業所としては、運営基準※1に新規で追加された項目になりますが、従来の施設系サービスの感染症対策よりも範囲の広いものになります。

・委員会の開催（おおむね6月に1回以上）

・指針の整備

・研修（定期的な教育を年1回以上）、新規採用時における感染症対策研修の実施

・訓練（定期的な訓練を年1回以上。机上を含め手段は問わない）

これらは、他のサービス事業者との連携により実施しても構いません。また、感染症対策は、策定が義務づけられていますが、令和6年3月31日までは、努力義務とされています※2。

※1　指定居宅介護支援等の事業の人員及び運営に関する基準　第21条の2
※2　指定居宅介護支援等の事業の人員及び運営に関する基準について　第二の3⑯
・　厚生労働省老健局「介護現場における感染対策の手引き 第2版」
・　感染症対策力向上のための研修教材配信サイト事務局「介護施設・事業所の職員向け感染症対策力向上のための研修教材」

Q208 業務継続に向けた取り組みの強化

災害時における業務継続の取り組みが義務づけられたが、従来から実施している、非常災害時対応マニュアルの整備や避難訓練でも対応可能か？

スキル
質問力

スキル
分析力

ルール
運営基準

ルール
人員基準

ルール
算定基準

定 義

記 載

最適解

連 携

考え方

A 新たに業務継続計画を策定する必要がある。

　非常災害時対応マニュアルや避難訓練の目的は、災害発生時に被害にあわないこと、被害を最小限にすることです。一方、今回の改正で新たに策定が義務づけられた「業務継続計画※1・2」は、感染症や非常災害発生時において、居宅介護支援を継続的に実施することおよび非常時の体制で早期の業務再開を図ることを目的としています。よって、**業務を継続することを目的にしている点が大きく異なります。**

　業務継続計画には、以下の項目等を記載することとされています。

① 感染症に係る業務継続計画※2

・平時からの備え

・初動対応

・感染防止対策体制の確立

② 災害に係る業務継続計画※2

・平常時の対応

・緊急時の対応

・他施設および地域との連携

なお、業務継続計画の策定、研修および訓練の実施については、他のサービス事業者との連携により実施しても構いません。また、業務継続計画は、策定が義務づけられていますが、令和6年3月31日までは、努力義務とされています。

※1　指定居宅介護支援等の事業の人員及び運営に関する基準　第19条の2
※2　指定居宅介護支援等の事業の人員及び運営に関する基準について　第二の3(14)
・　厚生労働省老健局「介護施設・事業所における新型コロナウイルス感染症発生時の業務継続ガイドライン」
・　厚生労働省老健局「介護施設・事業所における自然災害発生時の業務継続ガイドライン」

Q209
LIFE情報の収集・活用とPDCAサイクルの推進

LIFE情報について、居宅介護支援事業所からは、どのような情報を国に提出すればよいのか？

A 現状、居宅介護支援事業所からの情報提供は設定されていない。

　今回の改正では、訪問系・福祉用具を除くほとんどのサービスにLIFE（従来のCHASEとVISITを統合した名称）への情報提供およびその結果の活用が加算とともに位置づけられています。また、訪問系では、LIFEへの情報提供は、位置づけられていませんが、フィードバック情報を活用することが望ましいとされています。居宅介護支援でも同様に介護保険等関連情報を活用し、事業所単位でPDCAサイクルを構築・推進することにより、提供するサービスの質の向上に努めなければならないとされています※1・2。

　居宅介護支援事業において、LIFEを使うことによる介護報酬上のメリットはありませんが、ほとんどの他サービスでは利用すると考えられ、サービス担当者会議等でもLIFEの情報に関連した話題になることが想定されますので、制度上の位置づけを理解しておくことが望まれます。なお、現状、LIFEを使用する事業所や利用者に対して、ケアプラン作成やモニタリングなどでケアマネジャーがしなくてはいけないことなども特段設定されていません。

※1　指定居宅介護支援等の事業の人員及び運営に関する基準　第1条の2第6項
※2　指定居宅介護支援等の事業の人員及び運営に関する基準について　第二の3(1)

表3-1　CHASEとVISIT

	CHASE	VISIT
内容	高齢者の状態・ケアの内容等のデータベース	通所・訪問リハビリテーション事業所からのリハビリテーションの質の評価データ
主な項目	総論、認知症、口腔、栄養等	興味・関心チェックシート、リハビリテーション計画書等

Q210

常勤換算方法の計算

「常勤換算方法」の計算に改正があったが、居宅介護支援事業所の運営にも影響するのか?

A 全サービスが対象なので、影響が出てくることもあり得る。

従来、育児・介護休業法による短時間勤務制度については、育児による短時間勤務制度の利用時のみを週30時間以上の勤務で「常勤」として扱っていましたが、これに加え介護の短時間勤務制度を利用する場合においても、週30時間以上の勤務で「常勤」として扱えることになりました※。

また、**人員配置基準や報酬算定で「常勤」配置が求められる職員が産前産後休業や育児・介護休業を取得した場合には、同等の資質を有した複数の非常勤職員を常勤換算して、人員配置基準を満たすことも認められました。**

これらに該当する場合は、「常勤」人数が増える可能性もあるため、居宅介護支援費の介護支援専門員一人当たりの担当件数や特定事業所加算の扱いに影響が出る場合が考えられます。

※ 指定居宅介護支援等の事業の人員及び運営に関する基準について 第二の2(3)

Q211

ハラスメント対策の強化

ハラスメント対策が運営基準に規定されたが、女性のみの職場であって、セクハラ等の可能性が低い場合でも対策は必要なのか?

A 対策は必要。

今回の改正で運営基準に追加されたハラスメント対策※1は、セクシャルハラスメント、パワーハラスメントが対象となります。また、これらは上司、同僚に限らず、利用者や家族から受けるものも含まれるため、カスタマーハラスメントも含めた内容に対して必要な措置を講じることが推奨されています。よって、**女性のみの職場**

スキル
面接力

スキル
質問力

スキル
分析力

ルール
運営基準

ルール
人員基準

ルール
算定基準

定 義

記 載

最適解

連 携

考え方

であっても、**対策**※2**が必要**となります。事業主が講ずべき措置の具体的な内容は下記のとおりです※3。

① 事業者の方針等の明確化およびその周知・啓発

② 相談（苦情含む）に応じ、適切に対応するために必要な体制の整備

なお、中小企業においては、令和4年4月1日からハラスメント防止に向けた事業主の方針の明確化等の措置が義務化されます。

※1 指定居宅介護支援等の事業の人員及び運営に関する基準 第19条第4項
※2 指定居宅介護支援等の事業の人員及び運営に関する基準について 第二の3⒀④
※3 厚生労働省老健局「介護現場におけるハラスメント対策マニュアル」「(管理職・職員向け）研修のための手引き」

Q212 会議や多職種連携におけるICTの活用 📖

オンラインによる会議参加が認められたが、利用者が参加する会議でも同様か？

A 利用者の同意が必要。

会議や多職種連携におけるICTの活用については、居宅、施設を問わず全サービスが対象になりますが、特にサービス担当者会議等、全利用者について外部の事業者とかかわる可能性が高い居宅介護支援事業所では、活用の度合いが大きいと考えられます。**原則的には医療・介護の関係者のみが参加する会議での利用が前提ですが、利用者等の同意を得れば同様の措置が可能**です※1・2。ただし、利用者の居宅を訪問しての実施が求められるものを除きます。

※1 指定居宅介護支援等の事業の人員及び運営に関する基準 第13条第9号
※2 指定居宅介護支援等の事業の人員及び運営に関する基準について 第二の3⑻⑨
・ 個人情報保護委員会・厚生労働省「医療・介護関係事業者における個人情報の適切な取扱いのためのガイダンス」
・ 厚生労働省「医療情報システムの安全管理に関するガイドライン」

Q213

様式例から、利用者の押印欄が削除されるが、従来からの利用者で押印しないことを受け容れない方の場合、どのように説明すればよいか?

 制度面での改正であることを資料で示すなど、丁寧な説明が必要。

今回の改正では、利用者の利便性の向上や介護サービス事業者の業務負担軽減等のため、これまでの様式からの押印欄の削除だけでなく、交付、説明、同意、承諾等について、書面に代えて電磁的方法を可能とするものとなっています※。従来から利用している利用者からすると、これまでと変わることに違和感を覚えるかもしれません。また、新規に契約する方でも契約書や重要事項説明書に押印がないことに疑問をもつ方がいるかもしれません。説明については、口頭だけでなく、あらかじめ今回の改正により書面が不要になったことや押印がなくても問題ないことを案内した資料等を用意して説明することも方策の一つです。あるいは、押印があってはいけないわけではありませんので、従来の様式で対応することも可能です。

※ 「押印についてのQ&A」(内閣府・法務省・経済産業省 令和2年6月19日)

Q214

運営規程や重要事項説明書に記載する従業員の員数が「〇人以上」という記載が可能となったが、具体的にはどの程度の範囲の人数を記載するのか?

 具体的な人数の範囲は示されていない。

この改正の趣旨は、職員の「員数」は日々変わりうるものであり、業務負担軽減等の観点からであるため、置くべきとされている員数を満たす範囲において「〇人以上」と記載できます※。例えば、特定事業所加算を取得している事業所であれば、要件を満たす従業員

スキル
面接力

スキル
質問力

スキル
分析力

ルール
運営基準

ルール
人員基準

ルール
算定基準

定 義

記 載

BEST!
最適解

連 携

考え方

数を記載することが求められます。

※ 指定居宅介護支援等の事業の人員及び運営に関する基準について　第二の3⑿

Q215 記録の保存等にかかる見直し

介護サービス事業所における記録の保存、交付等について、電磁的な対応が認められることになったが、記録媒体は、パソコンの内蔵ハードディスク、USBメモリー、クラウドサービス等任意で選択してもよいか？

A 任意で構わない。

電磁的な記録については、「作成」と「保存」について定められています※1・2。電磁的な記録の作成は、事業者等の電子計算機（以下、パソコン等）によるもので、電磁的記録はパソコンのファイルに記録する場合と外部の磁気ディスク等への記録が想定されています。また、電磁的記録による保存は、上記の記録に伴う作成と書面に記載されている事項をスキャナーで読み取る場合も含まれます。また、外部事業者に設置されたサーバ（クラウドサービス等）による保存も可能です。この場合、アクセスに必要な情報管理が求められます。記録媒体については、適さないものは示されていませんが、電子機器であることから故障、停電や災害に備えたバックアップ等のしくみを整備することが求められます※3・4。

※1　指定居宅介護支援等の事業の人員及び運営に関する基準　第31条
※2　指定居宅介護支援等の事業の人員及び運営に関する基準について　第二の5
※3　個人情報保護委員会・厚生労働省「医療・介護関係事業者における個人情報の適切な取扱いのためのガイダンス」
※4　厚生労働省「医療情報システムの安全管理に関するガイドライン」

Q216

運営規程等の掲示にかかる見直し

運営規程等の重要事項について、事業所内へ掲示していたものから、閲覧可能なファイル等でも可能となったが、利用者等から希望があった際に、タブレットやノートパソコンで閲覧してもらう方法でもよいか？

A 書面での提示が望ましい。

運営規程等については、「**書面を備え付けること**」「**いつでも関係者に自由に閲覧させること**」とされています※1・2。運営規程、重要事項等の関係書類が1冊に綴じられたファイルを利用者等が手に取りやすいところに設置することが妥当です。タブレットやノートパソコンでは、電源の問題、操作上の問題があり、自由にという観点と異なると考えられます。

※1　指定居宅介護支援等の事業の人員及び運営に関する基準　第22条第2項
※2　指定居宅介護支援等の事業の人員及び運営に関する基準について　第二の3(17)

Q217

高齢者虐待防止の推進

高齢者虐待防止の推進が全サービスに義務づけられたが、居宅介護支援事業所も対象になるのか？

A 対象となり、推進が求められる。

居宅介護支援事業所も対象であり、虐待を発見した場合の通報義務も含めた高齢者虐待防止の推進を行う必要があります。具体的には、運営基準に「虐待の防止のための措置に関する事項」※1が追加されました。

虐待防止の項目は、「虐待の未然防止」「虐待等の早期発見」「虐待等への迅速かつ適切な対応」となっています。措置の内容としては、下記が示されています※2。

① 虐待の防止のための対策を検討する委員会の設置

スキル
面接力

スキル
質問力

スキル
分析力

ルール
運営基準

ルール
人員基準

ルール
算定基準

定　義

記　載

最適解

連　携

考え方

② 虐待の防止のための指針の整備

③ 虐待の防止のための従業者に対する研修の実施

④ 虐待の防止に関する措置を適切に実施するための担当者の配置

なお、令和３年から３年間の経過措置が設けられており、令和６年３月31日までは努力義務とされています。

※１　指定居宅介護支援等の事業の人員及び運営に関する基準　第18条第６号、第27条の２
※２　指定居宅介護支援等の事業の人員及び運営に関する基準について　第二の３(22)

Q218 地域区分の改正 ¥

地域区分の改正があったが、級地の変更により、自己負担額も変わる。これらの理由について、利用者に説明する必要があるか？

A 必要に応じて説明する。

今回の改正における級地区分の変更※は、級地が小さくなる（単価が高くなる）方向の改正であるため、同じサービスを利用する場合は、自己負担額が高くなるケースがあります。また、介護報酬自体も上がっているため、級地が小さくなった地域では、価格の上昇幅が大きくなる場合が想定されます。これらについては、事業所の都合ではありませんが、制度の改正による自己負担額の差異について説明する必要があります。これは、運営基準等で示されているものではありませんが、立場上、自己負担額を請求する介護サービス事業所が説明するのが最も望ましいのですが、状況により、居宅介護支援事業所から説明する場合もありえることは認識しておきましょう。

※　厚生労働大臣が定める一単位の単価（平成27年厚生労働省告示第93号）

居宅サービス計画書（第1表）の「利用者及び家族の生活に対する意向」欄が変更になったが、どのような記載が求められているのか？

 意向を踏まえた課題分析の結果の記載が求められている。

　今回の居宅サービス計画書の変更にあたって、居宅サービス計画書記載要領では、「介護サービス計画は、利用者の生活を総合的かつ効果的に支援するために重要な計画であり、利用者が地域の中で尊厳ある自立した生活を続けるための利用者本人の計画であることを踏まえ、わかりやすく記載するものとする」との一文が追加されました※。この変更を踏まえ、第1表の「利用者及び家族の生活に対する意向」が「利用者及び家族の生活に対する意向を踏まえた課題分析の結果」に変更されました。この点について、意向を踏まえた課題分析の結果を記載し、その際、**課題分析の結果として、「自立支援」に資するために解決しなければならない課題が把握できているか確認する。そのために、利用者の主訴や相談内容等を踏まえた利用者がもっている力や生活環境等の評価を含め利用者が抱える問題点を明らかにしていくこと**が求められています。

※ 「介護サービス計画書の様式及び課題分析標準項目の提示について」の一部改正について（令和3年老認発0331第6号）

スキル
面接力

スキル
質問力

スキル
分析力

ルール
運営基準

ルール
人員基準

ルール
算定基準

定　義

記　載

最適解

連　携

考え方

Q220

ターミナルケアマネジメント加算の算定要件 ¥

ターミナルケアにかかる要件や看取りにかかる加算に対して、訪問看護のターミナルケア加算同様の算定要件になるという改正だが、従来のターミナルケアマネジメント加算とは、どこが違うのか？

 多職種連携や家族等との話し合いも求められる。

　従来のターミナルケアマネジメント加算では、「ターミナルケアマネジメントを受けることに同意した利用者について、24時間連絡できる体制を確保しており、かつ、必要に応じて指定居宅介護支援を行うことができる体制を整備していること」が算定要件でした。一方、訪問看護におけるターミナルケア加算の算定要件では、上記のほか主治医との連携、家族への説明等、医療・ケアチームとしての取り組みであること、また、家族等の信頼できる者との話し合い等が含まれます。また「**人生の最終段階における医療・ケアの決定プロセスに関するガイドライン**」等の内容に沿った取り組みを行うことが求められています。

Q221 退院・退所時のカンファレンスの参画促進 ¥

退院・退所時のカンファレンスに福祉用具専門相談員や作業療法士等が参加することになったが、参加しないと福祉用具貸与は利用できないのか？

A 利用できる。
必要な場合に参加してもらう。

　退院・退所加算※1・2の算定要件にかかわる改正点になります。カンファレンスについては、改正内容として「退院・退所後に福祉用具の貸与が見込まれる場合は、**必要に応じ、福祉用具専門相談員や居宅サービスを提供する作業療法士等が参加するもの**」とされています。必要に応じて、とあるため、退院・退所後に福祉用具を貸与するすべての場合で、福祉用具専門相談員や作業療法士等が参加しなければならないというものではありません。ここでいう「必要」とは、例えば、「初めて福祉用具を利用する場合」「入院・入所前から福祉用具を利用しているが、生活環境が大きく変化する場合」「福祉用具の種類が増えた場合」等が想定されます。

※1　指定居宅介護支援に要する費用の額の算定に関する基準（平成12年厚生省告示第20号）別表のへ
※2　指定居宅サービスに要する費用の額の算定に関する基準（訪問通所サービス、居宅療養管理指導及び福祉用具貸与に係る部分）及び指定居宅介護支援に要する費用の額の算定に関する基準の制定に伴う実施上の留意事項について（平成12年老企第36号）　第三の14(3)

Q222 特定事業所加算の算定要件の見直し等① ¥

新しく追加された特定事業所加算は、いわゆる「ひとりケアマネ」でも算定できるのか？

A 一人では算定できない。

　今回の改正の大きなポイントでもある特定事業所加算ですが、新たに追加された特定事業所加算（A）※1・2の算定要件で、介護支援専門員の人数が特定事業所加算（Ⅲ）よりも緩和されました。主任介護支援専門員は1名以上で改正前と同じですが、介護支援専門

スキル
面接力

スキル
質問力

スキル
分析力

ルール
運営基準

ルール
人員基準

ルール
算定基準

定　義

記　載

BEST!
最適解

連　携

考え方

員は、2名以上から常勤1名以上＋非常勤1名以上に緩和されました。よって、特定事業所加算（A）の場合でも、**合計で3名の介護支援専門員が必要**となります。いわゆる「ひとりケアマネ」の場合、主任介護支援専門員の1名が管理者であったとしても、あと2名必要となり純粋に「ひとり」だけの事業所では算定できません。ただし、非常勤1名については、他事業所との兼務可とされているため、特定事業所加算のハードルが下がったといえるでしょう。

※1　指定居宅介護支援に要する費用の額の算定に関する基準　別表のハ
※2　指定居宅サービスに要する費用の額の算定に関する基準（訪問通所サービス、居宅療養管理指導及び福祉用具貸与に係る部分）及び指定居宅介護支援に要する費用の額の算定に関する基準の制定に伴う実施上の留意事項について　第三の11(3)⑮

Q223 特定事業所加算の算定要件の見直し② ¥

特定事業所加算の要件に新しく追加された「生活支援のサービス」を位置づけるケアプランとは、どんなものか？

A 保健サービスや配食サービス、地域住民による自発的な活動等を位置づけた総合的なケアプラン。

特定事業所加算※1の要件に「多様な主体により提供される利用者の日常生活全般を支援するサービス」を包括的に含むケアプランの作成が追加されました。これは、今回の改正で、これまで利用対象が要支援者等（要支援者＋チェックリスト対象者）であったところに**「住民主体サービスを、要支援者等から継続的に利用する要介護者」（市町村判断による）が追加**されたことも含めた改正になります。対象となるサービスとして、市町村保健師等が居宅を訪問して行う指導等の保健サービス、老人介護支援センターにおける相談援助および市町村が一般施策として行う配食サービス、寝具乾燥サービスや当該地域の住民による見守り、配食、会食などの自発的な活動によるサービス等が例示されています。また、これらと併せて、精神科訪問看護等の医療サービス、はり師・きゅう師による施術、保健師・看護師・柔道整復師・あん摩マッサージ指圧師による機能訓練なども含めてケアプランに位置づけることにより総合的な計画となるよう努めなければならないとされています※2。

※1　指定居宅サービスに要する費用の額の算定に関する基準（訪問通所サービス、居宅療養
　　　管理指導及び福祉用具貸与に係る部分）及び指定居宅介護支援に要する費用の額の算定に
　　　関する基準の制定に伴う実施上の留意事項について　第三の11⑶⑫
※2　令和3年度介護報酬改定に関するQ&A（vol.3）問114

Q224 介護サービス情報公表制度における公表

ケアプランにおける訪問介護等の各サービスの利用割合と各サービスごとの同一事業者によって提供されたものの割合を公表し、利用者にも説明することになったが、割合の集計は毎月行うのか？

 半年に1回行う。

公表する内容は、下記のとおりです。

・前6か月に作成したケアプランにおける、訪問介護、通所介護、地域密着型通所介護、福祉用具貸与の各サービスの利用割合

・前6か月に作成したケアプランにおける、訪問介護、通所介護、地域密着型通所介護、福祉用具貸与の各サービスごとの、同一事業者によって提供されたものの割合（上位3位まで）

これらの割合を介護サービス情報公表制度において公表することになります。また、居宅介護支援サービスの利用開始時に、従来から説明していた「複数事業者の紹介」「居宅サービスに位置づけた指定居宅サービス事業者等の選定理由の説明」に加え、上記についても説明を行うこととなりました※1。

利用者への説明機会は、毎月行う可能性がありますが、これらの割合の集計は、**特定事業所集中減算**※2**の報告と同様に年に2回**、①前期（3月1日〜8月末）、②後期（9月1日〜2月末）となっており、利用者への説明には、直近の①もしくは②の期間のものとします。なお、利用者に説明するタイミングについては、「初回契約時」が一般的に想定され、すでに契約している利用者の場合は、プラン変更時などに説明するのが望ましいと考えられます。

※1　指定居宅介護支援等の事業の人員及び運営に関する基準　第4条
※2　指定居宅サービスに要する費用の額の算定に関する基準（訪問通所サービス、居宅療養
　　　管理指導及び福祉用具貸与に係る部分）及び指定居宅サービスに要する費用の額の算定に
　　　関する基準の制定に伴う実施上の留意事項について　第三の10

　スキル
面接力

　スキル
質問力

スキル
分析力

　ルール
運営基準

　ルール
人員基準

　ルール
算定基準

　定　義

記　載

BEST!
最適解

連　携

考え方

Q225 逓減制の見直し ¥

ケアマネジャー一人当たりの担当件数がこれまでより5人増えた45人未満の居宅介護支援費（Ⅱ）ができたが、居宅介護支援費（Ⅰ）と単位数が同じなので、40人未満の場合、ICT導入していても（Ⅰ）で請求して差し支えないか？

A 差し支えない。

　逓減性の見直し※1・2により、ケアマネジャー一人当たりの担当件数が、40人未満から45人未満へと5人増加しました。単位数について見ると、1～40人未満の範囲では、居宅介護支援費（Ⅰ）も居宅介護支援費（Ⅱ）も同じく1076単位であり、41人以上から居宅介護支援費（Ⅰ）は、539単位、居宅介護支援費（Ⅱ）は、45人未満まで1076単位となります。よって、一人当たりの担当件数が40人であれば、居宅介護支援費（Ⅰ）で請求しても（Ⅱ）で請求しても単位数上は変わりません。さらに、45人以上の場合、居宅介護支援費（Ⅰ）は539単位、（Ⅱ）は522単位と（Ⅱ）のほうが単位数が17単位小さくなり、60件以上についても居宅介護支援費（Ⅰ）は323単位、（Ⅱ）は313単位と（Ⅱ）のほうが単位数が10単位小さくなります。ここで、一人当たりの担当件数が59件として試算すると、居宅介護支援費（Ⅰ）で59件分は、5万2744単位、（Ⅱ）は5万5174単位と（Ⅱ）のほうが2430単位大きくなります。単位のみで比較すると、居宅介護支援費（Ⅱ）のメリットを感じ難いですが、一人当たりの担当件数が何件であっても、居宅介護支援費（Ⅱ）のほうが合計の単位数は大きくなります。よって、居宅介護支援費（Ⅱ）で請求できる体制であれば、（Ⅱ）で請求するほうが望ましいといえます。

※1　指定居宅介護支援に要する費用の額の算定に関する基準　別表のイの注2
※2　指定居宅サービスに要する費用の額の算定に関する基準（訪問通所サービス、居宅療養管理指導及び福祉用具貸与に係る部分）及び指定居宅介護支援に要する費用の額の算定に関する基準の制定に伴う実施上の留意事項について　第三の7⑷

2 居宅介護支援の報酬

第3章　令和3年度介護報酬改定編

図3-1　逓減制の見直しに伴う単位数

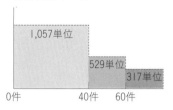

改正前

要介護1・2

1,057単位

529単位

317単位

0件　　　　40件　60件

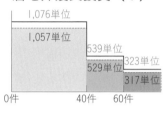

改正後

居宅介護支援費（Ⅰ）

1,076単位
1,057単位

639単位
323単位
529単位
317単位

0件　　　　40件　60件

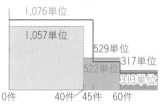

居宅介護支援費（Ⅱ）

1,076単位
1,057単位

529単位
317単位
522単位
313単位

0件　　　40件　45件　60件

スキル
面接力

スキル
質問力

スキル
分析力

ルール
運営基準

ルール
人員基準

ルール
算定基準

定　義

記　載

BEST!
最適解

連　携

考え方

Q226

医療機関との情報連携の強化　¥

新たに利用者の診察に同行し、情報共有した場合の加算が追加されたが、訪問診療時に同席し、情報共有した場合も算定は可能か？

Ⓐ　算定できない。

　今回の改正で新たに追加された「通院時情報連携加算」※1・2ですが、算定要件として「利用者が医師の診察を受ける際に同席し、医師等に利用者の心身の状況や生活環境等の必要な情報提供を行い、医師等から利用者に関する必要な情報提供を受けたうえで、居宅サービス計画等に記録した場合」となっています。この場合、**同席する場所は、「病院または診療所」**とされており、利用者自宅やサービス付き高齢者向け住宅等における訪問診療時は算定要件に該当しないと考えられます。

※1　指定居宅介護支援に要する費用の額の算定に関する基準　別表のト

Q227 看取り時のサービス利用前の相談・調整等 ¥

退院に向けた居宅サービス利用を準備していた利用者が、サービスの利用がなく亡くなった場合でも居宅介護支援費が請求可能となったが、契約書や重要事項説明書の手続きがすんでいれば、請求可能なのか？

A 契約書や重要事項説明書の手続きだけでは請求できない。

　これまで、居宅介護支援費は、サービス提供があった場合に算定が可能となっていましたが、今回の改正において、「病院若しくは診療所又は地域密着型介護老人福祉施設若しくは介護保険施設から退院又は退所する者等であって、医師が一般に認められている医学的知見に基づき回復の見込みがないと診断した利用者」※については、サービス提供がなくても居宅介護支援費の算定が可能となりました。この場合の算定要件は、「**モニタリング等の必要なケアマネジメントを行い、給付管理票の作成など、請求にあたって必要な書類の整備を行っている場合**」となっており、居宅介護支援費を算定した旨を適切に説明できるよう、個々のケアプラン等において記録を残しつつ、居宅介護支援事業所において、それらの書類等を管理しておくことが必要となります。通常のケアマネジメントと同様に、提供表等を作成しておき、給付管理票も作成しますが、事業所名等が記載された給付管理票を、請求時には、０単位として作成し請求します。

※ 指定居宅サービスに要する費用の額の算定に関する基準（訪問通所サービス、居宅療養管理指導及び福祉用具貸与に係る部分）及び指定居宅介護支援に要する費用の額の算定に関する基準の制定に伴う実施上の留意事項について　第三の5

Q228 委託連携加算 ¥

介護予防支援に委託連携加算が新設されたが、委託先からも給付申請可能か?

A 委託連携加算の保険請求を行うのは
介護予防支援事業所。

今回の改正で新たに追加された介護予防支援の「委託連携加算」
※1・2ですが、この加算は、介護予防支援事業所(主に地域包括支
援センター)から国保連合会に請求する際の加算となります。介護
予防支援事業所から委託を受けて、ケアプランを作成している場合
は、委託先の居宅介護支援事業所から初回にかかる加算の請求が必
要になります。「委託連携加算」の単位数は、300単位ですが、**委託
先への支払額は、介護予防支援事業所との契約により定められる**
ことになるため、令和3年度の介護予防支援事業所との委託契約に
当たっては、本加算の金額等の確認を行いましょう。

※1 指定介護予防支援に要する費用の額の算定に関する基準(平成18年厚生労働省告示第
129号)別表のハ
※2 指定介護予防サービスに要する費用の額の算定に関する基準の制定に伴う実施上の留意
事項について(平成18年老計発第0317001号・老振発第0317001号・老老発第0317001号)
第二の11(2)

Q229 特別地域加算の見直し ¥

特別地域加算に関する改正があったが、対象となるサービスが増えたのか?

A 以下のとおり、追加された。

特別地域加算については、今回の改正で対象となるサービスが追
加されました。夜間対応型訪問介護※、小規模多機能型居宅介護、
看護小規模多機能型居宅介護が特別地域加算の対象になりました。
また、これらのサービスについては、新たに中山間地域等における
小規模事業所加算の対象にも追加されています。さらに、夜間対応
型訪問介護、認知症対応型通所介護は、中山間地域等に居住する者
へのサービス提供加算の対象に追加されました。一方、対象地域に

スキル
面接力

スキル
質問力

スキル
分析力

ルール
運営基準

ルール
人員基準

ルール
算定基準

定 義

記 載

BEST!
最適解

連 携

考え方

ついては、今回の改正では、指定方法に関する内容が改正になりました。従来は、特例居宅介護サービス費の対象地域と特別地域加算の対象地域が同時に指定されていましたが、改正により、特例居宅介護サービス費、特別地域加算がそれぞれ分けて指定を行えるようになりました。

※ 指定地域密着型サービスに要する費用の額の算定に関する基準（平成18年厚生労働省告示第126号）別表の２のロの注４

Q230 小規模多機能型居宅介護事業所連携加算の廃止 ¥

（看護）小規模多機能型居宅介護事業所連携加算が廃止になったので、算定要件であった、小規模多機能型居宅介護への訪問や居宅サービス計画作成への協力は今後は不要ということか？

A 情報提供などはこれまでどおり実施するのが望ましい。

今回の改正では、小規模多機能型居宅介護事業所連携加算が廃止になりました。これまでは、同加算として、利用者が、居宅サービスから（看護）小規模多機能型居宅介護へ移行する場合に、ケアプランを作成していた居宅介護支援事業所が300単位の加算を算定できることになっていました。本加算は、ケアマネジャーが（看護）小規模多機能型居宅介護へ足を運び、情報提供やケアプランの作成に協力することを評価するものでした。この加算がなくなることで、従来実施していた、（看護）小規模多機能型居宅介護への協力が不要になるということではありません。

3

居宅介護支援以外の報酬等

スキル
面接力

スキル
質問力

スキル
分析力

ルール
運営基準

ルール
人員基準

ルール
算定基準

定義

記載

BEST!
最適解

連携

考え方

Q231 通所介護等の事業所規模別の報酬等に関する対応 ¥

通所事業所が感染症等の影響で利用者が減少した際に、単位数の大きい規模区分での請求ができる場合があるが、その場合、区分支給限度基準額は、元の規模区分で算定すればよいのか？

 通常規模の単位数を適用する。

　元の規模区分を用いての区分支給限度基準額の管理ではありません。今回の改正では、**通所介護の区分支給限度基準額の管理に際しては、通常規模の単位数を用いる**ことになりました。よって、感染症または災害の影響による利用者が減少した場合の特例を適用する場合において、請求する単位数の規模区分が小さい事業所規模になったとしても（例：本来・大規模型Ⅱ→特例・大規模型Ⅰ）、区分支給限度基準額の管理にあたっては、最も小さい事業所規模である通常規模の単位数を適用します※1・2。

※1　指定居宅サービスに要する費用の額の算定に関する基準（平成12年厚生省告示第19号）別表の6の注3

※2　通所介護等において感染症又は災害の発生を理由とする利用者数の減少が一定以上生じている場合の評価に係る基本的な考え方並びに事務処理手順及び様式例の提示について（令和3年老認発0316第4号・老老発0316第3号）

Q232 認知症専門ケア加算等の見直し ¥

今回の改正で、「認知症専門ケア加算」が算定できるサービスが増えたが、新設されたサービスでは、従来通所介護で認知症加算の対象になっていた利用者は、加算の対象になるか？

A 利用者が認知症かどうかは関係なく、体制を整えれば算定可能。

今回の改正で、新たに認知症専門ケア加算が新設されたサービスは、訪問介護※、訪問入浴介護、夜間対応型訪問介護、定期巡回・随時対応型訪問介護看護になります。従来から算定していたサービスは、在宅系サービスでは、短期入所生活介護および療養介護になります。また、居住系サービスでは、すべてのサービスが該当します。また、算定要件については、従来から算定しているサービスと同じになります。よって、新たに新設されたサービスでも事業所の体制に対する加算となり、**利用者が認知症であるかどうかは算定要件に含まれません**。

一方、通所介護、地域密着型通所介護の「認知症加算」は、認知症の利用者に対する加算であり、算定要件が異なります。

※ 指定居宅サービスに要する費用の額の算定に関する基準（訪問通所サービス、居宅療養管理指導及び福祉用具貸与に係る部分）及び指定居宅介護支援に要する費用の額の算定に関する基準の制定に伴う実施上の留意事項について 第二の 2⑵

Q233 認知症行動・心理症状緊急対応加算の創設 ¥

多機能系サービスにおける認知症行動・心理症状緊急対応加算は、多機能系サービスに登録している利用者も算定できるか？

A 算定できない。

多機能系サービス（小規模多機能型居宅介護、看護小規模多機能型居宅介護）に創設された「認知症行動・心理症状緊急対応加算」※の対象は、**多機能系サービスに登録されていない在宅利用者が対象**

となります。登録者も在宅で過ごしていますが、本加算の対象には
該当しません。また、多機能系サービスには、短期利用サービスが
設定されていますが、「認知症行動・心理症状緊急対応加算」の算定
は、短期利用のサービスでは算定できません。利用の主旨から、医
療機関における対応が必要であると判断される場合にあっては、速
やかに適当な医療機関の紹介、情報提供を行うことにより、適切な
医療が受けられるように取り計らう必要があります。ただし、利用
限度の7日間を越えて8日目以降を短期利用（短期利用居宅介護
費）の継続とすることも可能です。

※　指定地域密着型サービスに要する費用の額の算定に関する基準及び指定地域密着型介護予
防サービスに要する費用の額の算定に関する基準の制定に伴う実施上の留意事項について
（平成18年老計発第0331005号・老振発第0331005号・老老発第0331018号）　第二の5(8)

Q234 通所困難な利用者の入浴機会の確保 ¥

多機能系サービス利用者が自宅で訪問入浴介
護サービスを利用できるようになったが、利
用者負担分は事業所で負担しなければならな
いのか？

A 事業者の負担により訪問入浴介護サービスを
利用できることが明確になった。

多機能系サービスにおける訪問入浴介護の利用については、介護
給付としての利用ができないところは従来と変わっていません。今
回の改正でも、原則的に取り扱いが変わる部分はなく、従来より、
利用者の負担によって多機能系サービスの一部を付添者等に行わせ
ることがあってはならない、とされていたところに、**訪問入浴介護
等であれば、多機能系サービス事業所の負担で実施しても構わな
い**※と、事業所負担について明確に記載されたことになります。自
宅で訪問入浴介護を利用しても多機能系サービス事業所負担になる
ため、利用者負担は発生しません。

※　指定地域密着型サービス及び指定地域密着型介護予防サービスに関する基準について（平
成18年老計発第0331004号・老振発第0331004号・老老発第0331017号）　第3の四の4⑽②

スキル
面接力

スキル
質問力

スキル
分析力

ルール
運営基準

ルール
人員基準

ルール
算定基準

定　義

記　載

BEST!
最適解

連　携

考え方

Q235 居宅療養管理指導の実施と多職種連携の推進

居宅療養管理指導に関する改正で、多職種連携が推進されることになったが、ケアマネジャーの業務で具体的に追加されたことは？

A 以下のとおりである。

居宅療養管理指導の多職種連携の推進※にあたっては、「必要に応じて、利用者の社会生活面の課題にも目を向け、地域社会におけるさまざまな支援へとつながるよう留意すること」（医師・歯科医師の場合）が通知にも明記され、それに関連した取り組みが薬剤師・歯科衛生士・管理栄養士に対しても求められます。

ケアマネジャー（居宅介護支援）に関しては、追加された業務ではありませんが、薬剤師の居宅療養管理指導について**「居宅介護支援事業者若しくは居宅サービス事業者から求めがあった場合は、居宅介護支援事業者又は居宅サービス事業者に対し、居宅サービス計画の作成、居宅サービスの提供等に必要な情報提供又は助言を行う」**と運営基準に追記されたことを踏まえ、今後、ケアマネジャーから薬剤師に対して、情報提供を積極的に求めていくことが期待されています。

※ 指定居宅サービス等の事業の人員、設備及び運営に関する基準（平成11年厚生省令第37号）第89条第2項

Q236 介護支援専門員への情報提供の充実

居宅療養管理指導に関する改正で、医師・歯科医師からの情報提供内容が変わるが、新たな情報は、ケアプラン等に記載しなければならないのか？

A 必要に応じて反映する。

医師・歯科医師による居宅療養管理指導の「情報提供」および「指導又は助言」の方法のうち、**ケアマネジャーに対する情報提供の方**

第3章 令和3年度介護報酬改定編

3 居宅介護支援以外の報酬等

法については、別紙様式1（医師）※1または2（歯科医師）※2を用いることが新たに定められました※3。この情報を基に必要に応じてケアプラン等に反映することになります。今回の改正が「利用者の社会生活面の課題にも目を向け、地域社会におけるさまざまな支援へとつながる」という方向性が示されているため、特にこの点に留意したケアプランへの反映が望ましいと考えられます。

※1　都道府県が指定する指定居宅介護支援事業所向け診療情報提供書（医師）
※2　都道府県が指定する指定居宅介護支援事業所向け診療情報提供書（歯科医師）
※3　指定居宅サービスに要する費用の額の算定に関する基準（訪問通所サービス、居宅療養管理指導及び福祉用具貸与に係る部分）及び指定居宅介護支援に要する費用の額の算定に関する基準の制定に伴う実施上の留意事項について　第二の6(3)②

Q237 総合医学管理加算について ￥

新設された総合医学管理加算は、短期入所療養介護でどのような管理を行った場合に算定できるものか？

A 治療管理を目的としている場合である。

本加算は、短期入所療養介護の「緊急短期入所受入加算」と似ていますが、対象となる利用者が、**治療管理を目的としているという点が特徴になります**※1・2。ケアプランにおいて計画的に行うことになっていない短期入所療養介護であるということ、7日を限度としていることについては、「緊急短期入所受入加算」と同等です。一方、治療目的ということで、下記が算定要件に示されています。

・診療方針を定め、治療管理を行う。

・診療方針等を診療録に記載する。

・かかりつけ医に対して、診療状況を示す文書を添えて情報提供を行う。

また、「緊急短期入所受入加算」と同じく、「認知症行動・心理症状緊急対応加算」を算定している場合は算定できません。

※1　厚生労働大臣が定める基準（平成27年厚生労働省告示第95号）　第39号の4
※2　指定居宅サービスに要する費用の額の算定に関する基準（短期入所サービス及び特定施設入居者生活介護に係る部分）及び指定施設サービス等に要する費用の額の算定に関する基準の制定に伴う実施上の留意事項について（平成12年老企第40号）　第二の3(5)

スキル
面接力

スキル
質問力

スキル
分析力

ルール
運営基準

ルール
人員基準

ルール
算定基準

定　義

記　載

BEST!
最適解

連　携

考え方

認知症対応型共同生活介護（グループホーム）における医療連携体制加算では、どのような医療的ケアが算定対象になるのか？

A 呼吸障害等により人工呼吸器を使用している状態など新たに七つの医療的ケアが対象となっている。

医療連携体制加算は、単位数は変わりませんが、算定要件のうち医療的ケアが必要な者の受入要件が追加されました。従来は、算定日が属する月の前12月間において①②の要件に該当する入居者が1人以上いることとしていましたが、③〜⑨が追加されました※1・2。

① 喀痰吸引を実施している状態

② 経鼻胃管や胃瘻等の経腸栄養が行われている状態

③ 呼吸障害等により人工呼吸器を使用している状態

④ 中心静脈注射を実施している状態

⑤ 人工腎臓を実施している状態

⑥ 重篤な心機能障害、呼吸障害等により常時モニター測定を実施している状態

⑦ 人工膀胱又は人工肛門の処置を実施している状態

⑧ 褥瘡に対する治療を実施している状態

⑨ 気管切開が行われている状態

※1　厚生労働大臣が定める施設基準（平成27年厚生労働省告示第96号）　第34号
※2　指定地域密着型サービスに要する費用の額の算定に関する基準及び指定地域密着型介護予防サービスに要する費用の額の算定に関する基準の制定に伴う実施上の留意事項について　第二の6(9)⑤

Q239 退所前連携加算の見直し

介護老人保健施設に新設された「入退所前連携加算」は、入所予定日30日前からの連携が求められるが、居宅介護支援事業所との契約や請求の時期はいつになるのか？

A 以下のとおりである。

　従来の「退所前連携加算」は、介護老人保健施設を退所する前に、入所者が希望する居宅介護支援事業者と施設が連携するものでした。今回の改正では、**施設入所時から退所後に利用する居宅介護支援事業者と施設が連携**することになります※1・2。最も早い時期では、入所予定日前30日からで、入所後30日以内までが入所時の対応となります。入所時の対応としては、入所者の退所後の居宅サービス等の利用方針を定めることになります。契約については、個人情報の入手等もあるため、請求とは別に利用者情報の収集時から契約の締結が求められます。請求については、退所後にケアプランに沿ったサービス提供が実施されて初めてできることになるので、契約後1〜2月以上後になることもあると考えられます。

※1　指定施設サービス等に要する費用の額の算定に関する基準（平成12年厚生省告示第21号）　別表の2のヘ(1)
※2　指定居宅サービスに要する費用の額の算定に関する基準（短期入所サービス及び特定施設入居者生活介護に係る部分）及び指定施設サービス等に要する費用の額の算定に関する基準の制定に伴う実施上の留意事項について　第二の6(21)③・④

Q240 訪問介護における通院等乗降介助の見直し

通院等乗降介助の見直しで大きく変わったのは何か？

A 外出先を経由する移動が可能になった。

　これまで、通院等乗降介助の利用にあたっては、自宅が始点と終点という制限のため、2か所の病院等に通院する場合は、いったん自宅に戻る必要がありましたが、**改正によって、病院間の移動も算**

スキル
面接力

スキル
質問力

スキル
分析力

ルール
運営基準

ルール
人員基準

ルール
算定基準

定　義

記　載

BEST!
最適解

連　携

考え方

図3-2　訪問介護における通院等乗降介助の見直し

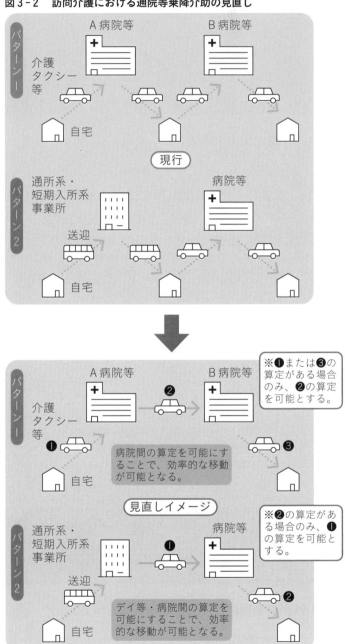

車両への乗降介助等が介護保険の対象／移送に係る運賃は介護保険の対象外

定が可能になりました※。また、「入院・退院時」にも利用できる
ようになったのは非常に大きな見直し点です。

　なお、通所介護や短期入所の終了後に通院する場合でも、自宅
を経由せず、通所介護や短期入所の事業所を始点として、通院後
に自宅に戻る場合でも要件を満たすことになりました。

　一方で、通所介護や短期入所では、送迎の一部が通院等乗降介助
に置き換わることになるため、通所介護の後に通院等乗降介助を利
用する場合は、送迎減算となり、短期入所後に通院等乗降介助を利用
する場合は、短期入所事業所での送迎加算が算定できなくなります。

※　指定居宅サービスに要する費用の額の算定に関する基準（訪問通所サービス、居宅療養管
　理指導及び福祉用具貸与に係る部分）及び指定居宅介護支援に要する費用の額の算定に関す
　る基準の制定に伴う実施上の留意事項について　第二の2(7)⑧

Q241　訪問入浴介護の報酬の見直し　¥

訪問入浴介護の初回加算が新設されたが、訪
問介護、訪問看護も利用する場合は、初回の
月の負担が大きくなる。算定時期をずらすこ
とは可能か？

A　算定時期だけの調整はできない。

　初回加算が訪問入浴介護にも設定されたことは、訪問入浴介護事
業者にとっては、メリットですが、利用者側の負担が大きくなりま
す。一般的に訪問入浴介護の利用者は、重度者であり、訪問看護、
訪問介護も多く利用される可能性があります。三つの訪問系サービ
スの初回加算だけで700単位（訪問介護、訪問入浴介護は200単位、
訪問看護は300単位）となります※1。**算定時期は、初回サービス
提供日**※2なので、利用開始月には支給限度額との調整も必要にな
ります。初回加算の算定時期だけを調整することはできませんが、
訪問系サービスの開始日を月またぎで設定する、または訪問系サー
ビスの開始となる退院時期を月の2週目以降にする等が現実的な
調整になると考えられます。

※1　指定居宅サービスに要する費用の額の算定に関する基準　別表の2のロ
※2　指定居宅サービスに要する費用の額の算定に関する基準（訪問通所サービス、居宅療養
　　管理指導及び福祉用具貸与に係る部分）及び指定居宅介護支援に要する費用の額の算定に

スキル
面接力

スキル
質問力

スキル
分析力

ルール
運営基準

ルール
人員基準

ルール
算定基準

定　義

記　載

最適解

連　携

考え方

Q242 退院当日の訪問看護 ￥

退院当日の訪問看護の算定が可能になったが、施設の退所日についても算定可能か？

A 算定可能。

　施設の退所日も算定可能となります。具体的には、**医療機関、介護老人保健施設、介護療養型医療施設または介護医療院の退所・退院日**となります。また、短期入所療養介護サービス終了日も同様の扱いになります。対象となる利用者は、厚生労働大臣が定める状態※1にある利用者に加え、主治の医師が必要と認めた利用者となっています※2。厚生労働大臣が定める状態は、訪問看護の特別管理加算（Ⅰ）（Ⅱ）の対象者と同等です。

※1　厚生労働大臣が定める基準に適合する利用者等（平成27年厚生労働省告示第94号）　第6号
※2　指定居宅サービスに要する費用の額の算定に関する基準（訪問通所サービス、居宅療養管理指導及び福祉用具貸与に係る部分）及び指定居宅介護支援に要する費用の額の算定に関する基準の制定に伴う実施上の留意事項について　第二の4⒇

Q243 看護体制強化加算の見直し ￥

訪問看護の看護体制強化加算の単位数が下がったが、算定要件の変更に伴い、算定できる事業所が増えるのか？

A 増えることが想定される。

　今回の改正では、看護体制強化加算の単位数が下がりましたが、算定要件のハードルも下がりました。看護体制強化加算の算定要件は、「①緊急時訪問看護加算の算定割合」「②特別管理加算の算定割合」「③ターミナルケア加算の件数」となっていましたが、**今回の改正では、「②特別管理加算の算定割合」の利用者の前6か月において30％以上から20％以上に緩和**されました※。

※　指定居宅サービスに要する費用の額の算定に関する基準（訪問通所サービス、居宅療養管理指導及び福祉用具貸与に係る部分）及び指定居宅介護支援に要する費用の額の算定に関する基準の制定に伴う実施上の留意事項について　第二の4⑵④

Q244 緊急時の宿泊ニーズへの対応の充実

認知症対応型共同生活介護の緊急時短期利用について、要件緩和に伴い、利用日数も増えるのか？

A **やむを得ない事情がある場合、14日以内となる。**

算定要件は、従来の「1事業所1名まで」が「1ユニット1名まで」とされました。多くの認知症対応型共同生活介護（以下、グループホーム）では、1事業所2ユニットの構成が多いので、1事業所の受入人数が2名となるところが増えることになります。また、受入日数の要件についても「7日以内」とされていましたが「**7日以内を原則として、利用者家族の疾病等やむを得ない事情がある場合には14日以内**」となりました※1・2。また、「個室」とされている利用可能な部屋の要件について、「おおむね7.43m²／人でプライバシーの確保に配慮した個室的なしつらえ」が確保される場合には、個室以外も認めることとされました。

なお、日数の要件緩和は、短期入所療養介護の「緊急短期入所受入加算」についても同様です。

※1　厚生労働大臣が定める施設基準（平成27年厚生労働省告示第96号）　第31号のハ⑶
※2　指定地域密着型サービスに要する費用の額の算定に関する基準及び指定地域密着型介護予防サービスに要する費用の額の算定に関する基準の制定に伴う実施上の留意事項について　第二の6⑴①

Q245 過疎地域等におけるサービス提供の確保

小規模多機能型居宅介護の定員が過疎地域において、定員を超える運営が可能になったが、何人まで超えることが可能なのか？

A **具体的な人数は示されていない。**

登録定員、利用定員を超えてサービスを提供できる地域、また期

スキル
面接力

スキル
質問力

スキル
分析力

ルール
運営基準

ルール
人員基準

ルール
算定基準

定　義

記　載

BEST!
最適解

連　携

考え方

間について市町村が認めることになります※1。期間については、定員の超過を認めた日から市町村の介護保険事業計画の終期までの最大3年間を基本としています※2。また、看護小規模多機能型居宅介護も対象になります。

※1　指定地域密着型サービスの事業の人員、設備及び運営に関する基準（平成18年厚生労働省令第34号）第82条第2項
※2　指定地域密着型サービス及び指定地域密着型介護予防サービスに関する基準について（平成18年老計発第0331004号・老振発第0331004号・老老発第0331017号）第三の四の4⑭②

Q246　リハビリテーション・機能訓練、口腔、栄養の取り組み

通所系、施設系サービス等のリハビリテーション計画、栄養ケア計画等の各種計画書の様式が変更されたが、どの計画が対象となるのか？

A　以下のとおりである。

　新しく示された計画書は、「リハビリテーション・個別機能訓練、栄養管理、口腔管理にかかる実施計画書」（施設系、通所系）で、施設系では、「リハビリテーション・個別機能訓練」「栄養、経口移行・維持」「口腔」計画を一体とし、通所系では、「リハビリテーション・個別機能訓練」「栄養」「口腔」計画が一体となっています。計画書では、これらの計画が1枚で構成され、各計画に対し、「解決すべき課題（ニーズ）」「長期目標・期間」「短期目標・期間」「具体的なケア内容」が設定されています。また、対象となる加算のチェック項目も記載されており、「リハビリテーションマネジメント加算」「個別機能訓練加算」「口腔・栄養スクリーニング加算」「栄養アセスメント加算」「栄養改善加算」「口腔機能向上加算」の算定状況を確認できます※1・2。

※1　指定居宅サービスに要する費用の額の算定に関する基準（訪問通所サービス、居宅療養管理指導及び福祉用具貸与に係る部分）及び指定居宅介護支援に要する費用の額の算定に関する基準の制定に伴う実施上の留意事項について　第二の5⑴④
※2　リハビリテーション・個別機能訓練、栄養管理及び口腔管理の実施に関する基本的な考え方並びに事務処理手順及び様式例の提示について（令和3年老認発0316第3号・老老発0316第2号）

Q247 リハビリテーションマネジメント加算の見直し ¥

訪問リハ・通所リハの「リハビリテーションマネジメント加算」の改正で、従来算定していた利用者の算定ができなくなる場合もあるのか?

A **従来のリハビリテーションマネジメント加算(Ⅰ)が算定できない。**

従来の訪問リハ、通所リハの「リハビリテーションマネジメント加算」は、(Ⅰ)(Ⅱ)(Ⅲ)(Ⅳ)から構成されていました。改正により、(A)イ、(A)ロ、(B)イ、(B)ロの構成となりました※1・2。本改正により、リハビリテーションマネジメント加算(Ⅰ)に相当する加算が廃止されました。よって、**従来のリハビリテーションマネジメント加算(Ⅰ)対象の利用者は、リハビリテーションマネジメント加算の対象から外れる**ことになります。

※1　指定居宅サービスに要する費用の額の算定に関する基準　別表の4のイの注7
※2　指定居宅サービスに要する費用の額の算定に関する基準（訪問通所サービス、居宅療養管理指導及び福祉用具貸与に係る部分）及び指定居宅介護支援に要する費用の額の算定に関する基準の制定に伴う実施上の留意事項について　第二の5⑻・8⑾

表3-2　リハビリテーションマネジメント加算の改正

改正前	改正後
リハビリテーションマネジメント加算(Ⅰ)	廃止
リハビリテーションマネジメント加算(Ⅱ)	リハビリテーションマネジメント加算(A)イ
―	リハビリテーションマネジメント加算(A)ロ
リハビリテーションマネジメント加算(Ⅲ)	リハビリテーションマネジメント加算(B)イ リハビリテーションマネジメント加算(B)ロ
リハビリテーションマネジメント加算(Ⅳ)	廃止

スキル
面接力

スキル
質問力

スキル
分析力

ルール
運営基準

ルール
人員基準

ルール
算定基準

定義

記載

最適解

連携

考え方

新設となった「リハビリテーションマネジメント計画書情報加算」を算定する施設では、理学療法士、作業療法士、言語聴覚士が多く配置されているのか？

A 理学療法士、作業療法士、言語聴覚士の配置人数は算定要件に関係しない。

　人員基準よりも多くリハビリ職を配置しているか等は要件に入りません。本加算は、介護老人保健施設におけるリハビリテーション実施計画の内容等をLIFEに情報提供していること、およびLIFEからのフィードバック情報を活用することで算定できるものです※1・2。

※1　指定施設サービス等に要する費用の額の算定に関する基準　別表の2のネ
※2　指定居宅サービスに要する費用の額の算定に関する基準（短期入所サービス及び特定施設入居者生活介護に係る部分）及び指定施設サービス等に要する費用の額の算定に関する基準の制定に伴う実施上のの留意事項について　第二の6⑶

退院・退所直後の訪問リハビリテーションが週6回から、週12回になりましたが、訪問看護ステーションの理学療法士等の訪問でも同様か？

A 訪問リハビリテーションのみ。

　訪問リハビリテーションにおいて、退院・退所の日から起算して3月以内の利用者に対して、週6回の限度から週12回までの算定が可能となりました※。一方、訪問看護ステーションにおける理学療法士等による訪問看護については変更はなく、従来どおり週6回が限度のままです。

※　指定居宅サービスに要する費用の額の算定に関する基準（訪問通所サービス、居宅療養管理指導及び福祉用具貸与に係る部分）及び指定居宅介護支援に要する費用の額の算定に関する基準の制定に伴う実施上の留意事項について　第二の5⑴⑦

Q250

訪問リハ、通所リハの社会参加支援加算が移行支援加算に改正されたが、単位数、算定要件はどのように変わったのか？

A 以下のとおりである。

　従来の「社会参加支援加算」の名称が「移行支援加算」※1となり、一部の算定要件が変更になりました。まず、評価対象期間における指定通所介護等を実施した者の割合は、従来、訪問リハ、通所リハとも5％を超えていなければなりませんでしたが、改正により、通所リハビリテーションでは3％を超えていることと変更されました。また、訪問リハ、通所リハともリハビリテーションの利用の回転率（12月／平均利用延月数）≧25％でしたが、ここでも通所リハだけが（12月／平均利用延月数）≧27％と変更されました。

　また、訪問リハ・通所リハの終了の確認手法※2については、終了した利用者の居宅を訪問することとなっていましたが、改正により電話等での実施を含め確認手法は問わないこととなりました。一方、訪問リハ・通所リハの事業所から移行先の通所介護等への情報提供として、訪問・通所リハビリテーション計画書が示されています。この提供にあたっては、計画書に記載されている本人の希望、

表3-3　移行支援加算

	改正前	改正後
リハビリテーションの利用の回転率	25％以上	訪問リハ：25％以上 通所リハ：27％以上
指定通所介護等を実施した者の割合	5％を超えている	訪問リハ：5％を超えている 通所リハ：3％を超えている
指定通所介護等の実施方法の確認の手法	訪問・通所リハ終了者の居宅を訪問	電話等
指定通所介護等への情報提供	－	訪問・通所リハビリテーション計画書（抜粋可）

スキル
面接力

スキル
質問力

スキル
分析力

ルール
運営基準

ルール
人員基準

ルール
算定基準

定　義

記　載

最適解

連　携

考え方

家族の希望、健康状態・経過、リハビリテーションの目標、リハビリテーションサービス等の情報を抜粋し、提供することで差し支えないとされています。

※1　指定居宅サービスに要する費用の額の算定に関する基準　別表の4のロ
※2　指定居宅サービスに要する費用の額の算定に関する基準（訪問通所サービス、居宅療養管理指導及び福祉用具貸与に係る部分）及び指定居宅介護支援に要する費用の額の算定に関する基準の制定に伴う実施上の留意事項について　第二の5(11)

Q251　生活行為向上リハビリテーション実施加算の見直し　¥

通所リハビリテーションの「生活行為向上リハビリテーション実施加算」の単位数が半分程度になったが、算定要件も緩和されたのか？

A　生活行為に関する評価が要件に追加された。

「生活行為向上リハビリテーション実施加算」は、単位数が1月につき2000単位から1月につき1250単位へと大幅に減少しました※1・2。ただし、対象期間が6月のみとなり、減算もなくなったことで給付管理上の調整も行いやすくなりました。一方で、加算算定期間において、指定通所リハビリテーション事業所の**医師または医師の指示を受けた理学療法士、作業療法士または言語聴覚士が利用者の居宅を訪問し生活行為に関する評価をおおむね1月に1回以上実施する**ことが新たに算定要件に追加されました。

※1　「令和3年度介護報酬改定における改定事項について」社保審−介護給付費分科会第199回（令和3年1月18日）参考資料1
※2　指定居宅サービスに要する費用の額の算定に関する基準（訪問通所サービス、居宅療養管理指導及び福祉用具貸与に係る部分）及び指定居宅介護支援に要する費用の額の算定に関する基準の制定に伴う実施上の留意事項について　第二の8(14)

表3-4　通所リハビリテーションの場合

	改正前	改正後
3月以内　1月につき2000単位		6月以内　1月につき1250単位
3月超6月以内　1月につき1000単位		廃止
加算終了後6月以内　所定単位数15％減算		廃止

Q252

訪問リハ、通所リハ等で作成される、リハビリテーション計画書と個別機能訓練計画書の共通化される様式では、従来とどのような部分が異なるのか？

A 従来のリハビリテーション計画書から「将来の見込み」等が廃止された。

　新しく共通化された様式では、効率化の観点を踏まえ、従来の「個別機能訓練計画書」の項目に統一されました。これにより、従来の「リハビリテーション計画書」に記載されていた、「将来の見込み、サービス提供中の具体的対応、社会参加支援評価」が削除されました※。

※　リハビリテーション・個別機能訓練、栄養管理及び口腔管理の実施に関する基本的な考え方並びに事務処理手順及び様式例の提示について

図3-3　見直しのイメージ

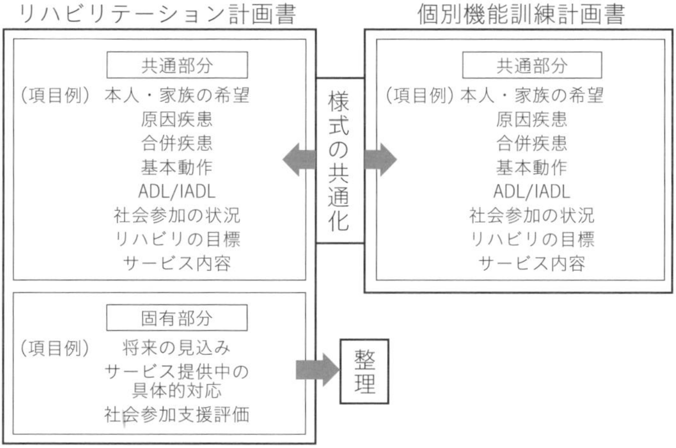

リハビリテーション計画書　　　　　　　個別機能訓練計画書

```
┌─────────────────────┐              ┌─────────────────────┐
│    ┌──共通部分──┐    │              │    ┌──共通部分──┐    │
│(項目例) 本人・家族の希望 │   様        │(項目例) 本人・家族の希望 │
│         原因疾患        │   式  ←→   │         原因疾患        │
│         合併疾患        │   の        │         合併疾患        │
│         基本動作        │   共        │         基本動作        │
│         ADL/IADL       │   通        │         ADL/IADL       │
│         社会参加の状況   │   化        │         社会参加の状況   │
│         リハビリの目標   │            │         リハビリの目標   │
│         サービス内容     │            │         サービス内容     │
└─────────────────────┘              └─────────────────────┘

┌─────────────────────┐
│    ┌──固有部分──┐    │
│(項目例) 将来の見込み    │   ──→    ┌──┐
│      サービス提供中の   │          │整理│
│         具体的対応      │          └──┘
│      社会参加支援評価   │
└─────────────────────┘
```

資料　令和3年度介護報酬改定の主な事項について(社保審—介護給付費分科会第199回令和3年1月18日)

スキル
面接力

スキル
質問力

スキル
分析力

ルール
運営基準

ルール
人員基準

ルール
算定基準

定　義

記　載

最適解

連　携

考え方

通所介護等の「個別機能訓練加算」が3パターンになったが、併算定は可能か？

A 個別機能訓練加算（II）のみ併算定可能である。

改定された「個別機能訓練加算」※は、従来の（I）（II）の2パターンから（I）イ、（I）ロ、（II）の3パターンになりました。このうち、機能訓練指導員の配置が異なる（I）イ、（I）ロについては、併算定は不可ですが、**（II）は、LIFEへのデータ提出とフィードバックの活用となり、併算定が可能**となります。従来の（I）は廃止され、従来の（II）が改定後の（I）イになります。

※ 指定居宅サービスに要する費用の額の算定に関する基準（訪問通所サービス、居宅療養管理指導及び福祉用具貸与に係る部分）及び指定居宅介護支援に要する費用の額の算定に関する基準の制定に伴う実施上の留意事項について　第二の7⑴

表3-5　個別機能訓練加算の改正

算定要件	改正前	改正後
機能訓練指導員を専従1名（サービス提供時間を通じて）集団対応可	I：46単位／日	廃止
機能訓練指導員を専従1名（時間の定めなし）利用者5人程度	II：56単位／日	I イ：56単位／日
機能訓練指導員を専従1名（サービス提供時間を通じて）利用者5人程度	－	I ロ：85単位／日
LIFEへの情報提供、フィードバック情報の活用	－	II：20単位／日

Q254 寝たきり予防・重度化防止のためのマネジメントの推進 ¥

施設系サービスに新設された「自立支援促進加算」を算定する場合に、施設サービス計画書等への記載が必要となるか？

A 自立支援にかかる支援計画の策定が必要となる。

「自立支援促進加算」の**算定要件は、医師による医学的評価および支援計画等への参加、自立支援計画の策定と見直し、LIFE への情報提供およびフィードバック情報の活用**となっています※。医学的評価は、6 月に 1 回の見直しが必要です。支援計画書は、医学的評価の結果、特に自立支援のための対応が必要であるとされた利用者に対して、医師、看護師、介護職員、介護支援専門員、その他の職種が共同して、自立支援に係る支援計画を策定し、3 月に 1 回の見直しをすることになっています。

※　指定居宅サービスに要する費用の額の算定に関する基準（短期入所サービス及び特定施設入居者生活介護に係る部分）及び指定施設サービス等に要する費用の額の算定に関する基準の制定に伴う実施上の留意事項について　第二の 5 ⑶

Q255 サービス提供体制強化加算の見直し 📖 ¥

サービス提供体制強化加算の単位数が増加しているが、利用者に対するメリットは何か？

A サービスの質の向上が期待できる。

　サービス提供体制強化加算（Ⅰ）の単位数が、18 単位から 22 単位に増えています※1・2。これに伴い、**算定要件が従来の介護福祉士50%以上から介護福祉士70%以上と従業員に占める介護福祉士の割合が大幅に増加しました。**介護関連では、唯一の国家資格である介護福祉士の取得割合が大きいことで、より高い専門性や介護技術を用いての質の高いサービス提供が期待できます。

※1　指定居宅サービスに要する費用の額の算定に関する基準　別表の 6 のニ
※2　指定居宅サービスに要する費用の額の算定に関する基準（訪問通所サービス、居宅療養管理指導及び福祉用具貸与に係る部分）及び指定居宅介護支援に要する費用の額の算定に関する基準の制定に伴う実施上の留意事項について　第二の 3 ⑼

スキル
面接力

スキル
質問力

スキル
分析力

ルール
運営基準

ルール
人員基準

ルール
算定基準

定　義

記　載

BEST!
最適解

連　携

考え方

表3-6 サービス提供体制強化加算（例：通所介護）

改定前	改定後
―	（Ⅰ）：介護福祉士70％以上 【22単位】
（Ⅰ）イ：介護福祉士50％以上 【18単位】	（Ⅱ）：勤続10年以上が25％ 【18単位】
（Ⅰ）ロ：介護福祉士40％以上 【12単位】	（Ⅲ）：介護福祉士40％以上、または勤続3年以上が30％ 【6単位】
（Ⅱ）：勤続3年以上が30％ 【6単位】	

Q256 訪問介護の特定事業所加算の見直し 💴

訪問介護の特定事業所加算は、新たに（Ⅴ）が追加されたが、他の特定事業所加算と併算定は可能か？

Ⓐ 特定事業所加算（Ⅲ）との併算定が可能である。

　訪問介護の特定事業所加算の算定要件は、①体制要件、②人材要件、③重度要介護者等対応要件が定められています※。**新たに設けられた特定事業所加算（Ⅴ）は、①体制要件が、特定事業所加算（Ⅲ）と同じ要件です。**特定事業所加算（Ⅴ）の②人材要件は「訪問介護員等の総数のうち、勤続7年以上の者の占める割合が100分の30以上であること」となっており、特定事業所加算（Ⅲ）の事業所がこの人材要件を満たせば、特定事業所加算（Ⅴ）と併算定が可能となります。

※　指定居宅サービスに要する費用の額の算定に関する基準（訪問通所サービス、居宅療養管理指導及び福祉用具貸与に係る部分）及び指定居宅介護支援に要する費用の額の算定に関する基準の制定に伴う実施上の留意事項について　第二の2⑿

Q257 計画作成担当者の配置基準の緩和

認知症対応型共同生活介護では、計画作成担当者の配置がユニットごとから事業所ごとに緩和されたが、最も多い場合27人分の計画書を作成することになるか？

A 最大36人分の計画作成・監督を担当する可能性がある。

今回の改定では、①「計画作成者の配置が1ユニットに1人以上から1事業所に1人以上」、②「1事業所のユニット数が3以下」となりました。1ユニットの入居定員は、5 〜 9人なので、1事業所における計画作成担当者が、1人の場合、最大で（3ユニット）×（9人）＝27人分の計画書作成となります※1・2。また、今回の改定では、サテライト型の事業所も新たに位置づけられており、**本体事業所の計画作成担当者は、サテライト型事業所の計画作成担当者の監督を行うため、作成・監督を担当する計画書の件数は、最大で27＋9＝36（件）となることが考えられます。**

※1　指定地域密着型サービスの事業の人員、設備及び運営に関する基準　第90条第5項
※2　指定地域密着型サービス及び指定地域密着型介護予防サービスに関する基準について
　　第三の五の2

Q258 同一建物減算適用時等の区分支給限度基準額の計算方法の適正化 ¥

区分支給限度基準額の計算方法が変わったが、従来よりサービスを増やせる場合もあるのか？

A 原則、従来より増やせる場合はない。

今回の改定における、区分支給限度基準額に関する計算方法については、①同一建物減算等（通所系サービス、多機能系サービス）、②規模別の基本報酬（通所系サービス）の2点に改定がありました。①同一建物減算等については、同一建物減算適用前の単位数で区分支給限度基準額の管理を行うこと。また、②規模別の基本報酬については、大規模型の利用者の区分支給限度基準額の管理には、通常

スキル
面接力

スキル
質問力

スキル
分析力

ルール
運営基準

ルール
人員基準

ルール
算定基準

定義

記載

BEST!
最適解

連携

考え方

規模型の単位数（大規模型の単位数よりも大きい）を用いることと
なっています※。①、②いずれにおいても**従来よりも大きな単位数
で区分支給限度基準額の管理を行うことになるため、サービスを
増やせる場合はありません**（改定により、算定できなくなった加算
等もあるため、あくまで原則となります）。

※　通所介護等の区分支給限度基準額に係る給付管理の取扱いについて（令和3年3月22日事
務連絡）

Q259 訪問看護の機能強化 ¥

理学療法士、作業療法士、言語聴覚士が行う
訪問看護の算定要件が改正されたが、これま
で対象であった利用者が該当しない場合もあ
るのか？

A 理学療法士等が行う訪問看護の対象者が変わる場
合がある。

　理学療法士等が行う訪問看護については、利用者に対する要件が
追加されました。訪問リハビリテーションの利用者同様に「理学療
法士、作業療法士又は言語聴覚士による訪問看護については、**指定
通所リハビリテーションのみでは家屋内におけるADLの自立が困
難である場合であって、ケアマネジメントの結果、看護職員と理
学療法士、作業療法士又は言語聴覚士が連携した家屋状況の確認
を含めた訪問看護の提供が必要と判断された場合**※」に、訪問看護
費を算定できるものであるとされています。

※　指定居宅サービスに要する費用の額の算定に関する基準（訪問通所サービス、居宅療養管
理指導及び福祉用具貸与に係る部分）及び指定居宅介護支援に要する費用の額の算定に関す
る基準の制定に伴う実施上の留意事項について　第二の4(1)

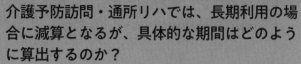

Q260 長期利用の介護予防リハビリテーションの適正化

介護予防訪問・通所リハでは、長期利用の場合に減算となるが、具体的な期間はどのように算出するのか？

A 利用開始から12月を超えた場合に減算となる。

　理学療法士、作業療法士または言語聴覚士が提供する介護予防訪問看護の利用が12月を超える場合は、介護予防訪問看護費から5単位減算となります。この場合、入院による中断があり、かつ、医師の指示内容に変更がある場合は、新たに利用が開始されたものとします。また、令和3年4月時点で利用中の場合は、令和3年4月から起算して12月を超える場合から適用されます※。介護予防通所リハビリテーションの場合は、同じ期間の要件に対し、要支援1の場合20単位、要支援2の場合40単位減算します。

※　指定介護予防サービスに要する費用の額の算定に関する基準の制定に伴う実施上の留意事項について（平成18年老計発第0317001号・老振発第0317001号・老老発第0317001号）　第二の3⑲

スキル
面接力

スキル
質問力

スキル
分析力

ルール
運営基準

ルール
人員基準

ルール
算定基準

定　義

記　載

スキル
面接力

スキル
質問力

スキル
分析力

ルール
運営基準

ルール
人員基準

ルール
算定基準

定　義

記　載

BEST!
最適解

連　携

考え方

厚生労働省「「新型コロナウイルス感染症に係る介護サービス事業所の人員基準等の臨時的な取扱いについて」のまとめ」

（最終閲覧日：令和3年5月10日）

　このサイトでは、第16報までをまとめているものです。「3.居宅介護支援等に関する事項」をクリックすると、サービス担当者会議やモニタリングについての扱いなど、新型コロナウイルス感染症に係る取り扱いで、居宅介護支援に関する内容をまとめて閲覧できます。

　また、以下のQRコードから、第1報〜第20報まで個別に確認できます。第17報から第20報までについては「居宅介護支援に関する事項」はありません。主に介護保険施設、通所系サービスに関する内容です。

　「新型コロナウイルス感染症に係る介護サービス事業所の人員基準等の臨時的な取扱いについて」第1報から第20報までの一覧は下記のとおりです。

事務連絡（第1報）令和2年2月17日
「新型コロナウイルス感染症に係る介護サービス事業所の人員基準等の臨時的な取扱いについて」

介護保険最新情報 vol.770（第2報）令和2年2月24日
「都道府県等からの休業の要請を受けて休業している場合における取扱いについて」

介護保険最新情報 vol.773（第3報）令和2年2月28日
※問1〜10まで収載（「サービス担当者会議の取扱いについて」等）

介護保険最新情報 vol.779（第4報）令和2年3月6日
※問1〜12まで収載（「モニタリングについて」等）

介護保険最新情報 vol.796（第5報）令和2年3月26日
※問1〜5まで収載（「居宅介護支援の退院・退所加算について」等）

介護保険最新情報 vol.809（第6報）令和2年4月7日
※問1〜7まで収載（「サービス担当者会議の取扱いについて」等）

介護保険最新情報 vol.813（第7報）令和2年4月9日
※問1〜3まで収載（「期限までの提出が難しい場合の対応について」等）

介護保険最新情報 vol.816（第8報）令和2年4月10日
※問1〜6まで収載（「通所介護事業所にて訪問サービス等を行った場合について」等）

介護保険最新情報vol.818（第 9 報）令和 2 年 4 月15日
※問 1 〜 5 まで収載（「定期的な会議の開催について」等）

介護保険最新情報vol.823（第10報）令和 2 年 4 月24日
※問 1 〜 3 まで収載（「電話等の対応による訪問看護費の算定について」等）

介護保険最新情報vol.836（第11報）令和 2 年 5 月25日
※問 1 〜 8 まで収載（「当初予定されていたサービス利用がなくなった場合の請求について」等）

介護保険最新情報vol.842（第12報）令和 2 年 6 月 1 日
※第12報の「請求単位数の特例」は、令和 3 年 3 月サービス提供分をもって廃止

介護保険最新情報vol.847（第13報）令和 2 年 6 月15日
※問 1 〜 6 まで収載。問 1 〜 3 は、令和 3 年 3 月サービス提供分をもって廃止

介護保険最新情報vol.868（第14報）令和 2 年 8 月13日
※問 1 ・ 2 収載（「介護支援実務研修の実習の取扱いについて」）

介護保険最新情報vol.870（第15報）令和 2 年 8 月27日
※問 1 「居宅介護支援の特定事業所集中減算の取扱いについて」

介護保険最新情報vol.884（第16報）令和 2 年10月21日
※問 1 ・ 2 収載（「ユニットリーダー研修について」等）

介護保険最新情報vol.906（第17報）令和 2 年12月25日
※問 1 「介護保健施設等で新型コロナウイルス感染症患者受け入れ医療機関からの退院患者を受け入れた場合」

介護保険最新情報vol.915　令和 3 年 1 月22日
※第12報等の令和 3 年度における取扱いについて

介護保険最新情報vol.921（第18報）令和 3 年 2 月16日
※問「介護保健施設等で新型コロナウイルス感染症患者受け入れ医療機関からの退院患者を受け入れた場合」

介護保険最新情報vol.946（第19報）令和 3 年 3 月22日
※問 1 ・ 2 収載（「第18報における退所前連携加算の算定に関して」等）

介護保険最新情報vol.963（第20報）令和 3 年 4 月 5 日
※問 1 〜 6 まで収載（「通所系サービス事業所内でのワクチン接種における介護報酬等の取扱いについて」等）

厚生労働省「令和 3 年度介護報酬改定について」

(最終閲覧日：令和 3 年 5 月 10 日)

　このサイトでは、令和 3 年度介護報酬改定について「主な事項」「省令および告示」「通知等」「介護報酬改定 Q&A」が収載されています。

　とくに、本書でも参考として記載したものについて下記にまとめています。

■令和 3 年度介護報酬改定について〔令和 3 年 5 月 10 日現在〕

❶ 令和 3 年度介護報酬改定について【主なものを抜粋】

令和 3 年度介護報酬改定の主な事項

❷ 介護報酬改定に関する省令及び告示【主なものを抜粋】

指定居宅サービス等の事業の人員、設備及び運営に関する基準等の一部を改正する省令（令和 3 年厚生労働省令第 9 号）

指定居宅サービスに要する費用の額の算定に関する基準等の一部を改正する告示（令和 3 年厚生労働省告示第73号）

厚生労働大臣が定める地域第六号の規定に基づき厚生労働大臣が定める地域（令和 3 年厚生労働省告示第74号）

❸ 介護報酬改定に関する通知等【主なものを抜粋】

指定居宅サービスに要する費用の額の算定に関する基準（訪問通所サービス、居宅療養管理指導及び福祉用具貸与に係る部分）及び指定居宅介護支援に要する費用の額の算定に関する基準の制定に伴う実施上の留意事項について

指定居宅サービスに要する費用の額の算定に関する基準（短期入所サービス及び特定施設入居者生活介護に係る部分）及び指定施設サービス等に要する費用の額の算定に関する基準の制定に伴う実施上の留意事項について

指定介護予防サービスに要する費用の額の算定に関する基準の制定に伴う実施上の留意事項について

指定地域密着型サービスに要する費用の額の算定に関する基準及び指定地域密着型介護予防サービスに要する費用の額の算定に関する基準の制定に伴う実施上の留意事項について

指定居宅サービス等及び指定介護予防サービス等に関する基準について

指定地域密着型サービス及び指定地域密着型介護予防サービスに関する基準について

指定居宅介護支援等の事業の人員及び運営に関する基準について

指定介護予防支援等の事業の人員及び運営並びに指定介護予防支援等に係る介護予防のための効果的な支援の方法に関する基準について

指定介護老人福祉施設の人員、設備及び運営に関する基準について

介護老人保健施設の人員、施設及び設備並びに運営に関する基準について

介護医療院の人員、施設及び設備並びに運営に関する基準について

指定居宅サービスに要する費用の額の算定に関する基準等の制定に伴う介護給付費算定に係る体制等に関する届出における留意点について

❹ 介護報酬改定Q＆A

Vol.1（令和 3 年 3 月19日）		Vol.2（令和 3 年 3 月23日）	
Vol.3（令和 3 年 3 月26日）		Vol.4（令和 3 年 3 月29日）	
Vol.5（令和 3 年 4 月 9 日）		Vol.6（令和 3 年 4 月15日）	
Vol.7（令和 3 年 4 月21日）		Vol.8（令和 3 年 4 月26日）	
Vol.9（令和 3 年 4 月30日）			

❺ 居宅介護支援関連書類様式・事務手続き等について

「居宅サービス計画作成依頼（変更）届出書の様式について」等の一部改正について

「介護サービス計画書の様式及び課題分析標準項目の提示について」の一部改正について

居宅介護支援等に係る書類・事務手続や業務負担等の取扱いについて

索引

199

監修・編集・執筆者紹介

監 修
一般社団法人神奈川県介護支援専門員協会※

編 集
青地　千晴　そらいろケアプラン　管理者
諏訪部弘之　フィオーレ久里浜居宅介護支援室　室長

編集協力
阿部　充宏　合同会社介護の未来　代表

執筆者（五十音順）
青地　千晴　同上
伊庭　裕美　あいケアマネジメントサービス　管理者
漆間　伸之　特定医療法人研精会稲城台病院　事務局長・地域連携部長
楠元　睦巳　株式会社オフィスイーケア　代表取締役
塩崎　芳浩　医療法人　徳洲会　茅ヶ崎徳洲会病院
諏訪部弘之　同上
山本　玲子　オギクボ薬局介護支援センター　管理者

Q&A提供者
木本　祥子　もみのき居宅介護支援事業所
杉田しげ子　もみのき居宅介護支援事業所

アースサポート株式会社　ケアマネジャー有志

※一般社団法人神奈川県介護支援専門員協会は、2002年4月、介護支援専門員団体として全国ではじめてNPO法人格を取得。2017年には一般社団法人となり、介護支援専門員に関する調査研究の結果をふまえ、各種研修プログラムやケアマネジメント様式を開発、介護支援専門員を支えるさまざまな活動を活発に行っている。また、各地域の介護支援専門員連絡組織の連携を支援している。介護支援専門員の資格があれば入会可能。

会員数：1086名（2021年5月7日現在）
事務局：〒231-0023　横浜市中区山下町23番地　日土地山下町ビル9階
　　　　TEL：045-671-0284／FAX：045-671-0287
　　　　URL：https://www.care-manager.or.jp/

ケアマネ実務Q&A
ケアマネジメントプロセスから給付管理まで

2021年6月25日　初　版　発　行
2023年8月25日　初版第3刷発行

監　修　一般社団法人神奈川県介護支援専門員協会
発行者　荘村明彦
発行所　中央法規出版株式会社
〒110-0016
東京都台東区台東3-29-1　中央法規ビル
TEL 03-6387-3196
https://www.chuohoki.co.jp/

印刷・製本：長野印刷商工株式会社
ブックデザイン・イラスト：mg-okada

ISBN978-4-8058-8327-3